基本的な 事 例 と 図 解 で学ぶ

原価計算と管理会計の概説

基礎から応用まで

関東学院大学 経営学部教授
江頭　幸代
Egashira Sachiyo

とりい書房

はじめに

　国内外の企業環境の変化とともに、企業は構造的な変革を迫られている。消費者ニーズの多様化や大量生産、国外との関係は言うまでもなく、AI の出現もある。

　本書は、「原価計算」の初学者が、独学でも原価計算の全体像を能率的・効果的に学習することができ、さらには大学での「原価計算」「管理会計」の講義用の教科書として役立つように配慮している。また、企業の経理部や経営企画部、工場での管理部、購買、開発、営業に携わるすべてのビジネスパーソンにとっても学習書としての利用も可能であろう。

　独学で学ぶ方にも、大学の講義としても利用しやすいものにするために、各講義の 1 回あたりは 90 分を目安に学習できる内容としている。内容については、原価計算の基礎から日商簿記検定試験 2 級の範囲、さらには比較的優しい日商簿記検定試験 1 級および公認会計士試験の範囲をも網羅している。

　本書を利用する学習者が、原価計算に興味を持ち、さらに次のステップへ段階的に学習できるように理論を出来るだけ分かりやすく解説し、計算においては、例題で計算過程を示した解答を記載することによって、順次、斬新的に水準の高いところまで理解が到達できるように配慮している。

　原価計算は、計算技法である側面を否定はしないが、計算技法の背後にある理論、そして計算結果をどのように活用していくかが重要である。現在では、簿記についても手書きで仕訳をしている企業はほとんど皆無であり、個人事業主でも会計ソフトを利用している。原価計算においても、企業内でのシステム化によって、手計算することはあまりみられない。つまり、基本的なデータを入力しさえすれば、簿記においては、自動的に財務諸表が作成され、原価計算においては、製品原価が算出されるのである。また、ソフトウェアやシステムだけでなく、AI の出現は、

さらにこれを容易にならしめている。

　では、なぜ学習においては、手計算で学ぶのであろうか？それは、どのようなしくみで原価計算がなされているのか基本的なしくみが、手計算でないと理解できないからである。基礎的知識の積み重ねが、計算目的にとっての適切な原価と利益概念が何であるか、そして原価管理もしくは原価改善をどのようにすべきかを具体的に考えることを可能にするであろう。ソフトウェアやシステム、AIで結果が容易に求められるようになればなるほど、基礎知識は重要となり、未知の事象に遭遇した際には問題を解決するヒントとなろう。一方で、システムの計算結果から得られた多くの情報を吟味し、分析し、考えるのは、人間でしかできない。計算結果から導き出された数値をどのように料理していくかは、私たち人間の持つ固有の力だと思う。

　原価計算を身につけるためには、機械的に計算ができるようになるとか、計算公式を暗記すればという学習は将来、決して自分のものにはならない。必ずその背後にある意味を理解して欲しい。そうすることによって、手計算上の応用問題に直面したとき、また企業でこれまでに見られなかった困難な問題・課題に直面したとき、顧客との関係構築、個別対応や判断に力点をおくことが可能となるであろう。

　本書の巻末には、「原価計算基準」（昭和37年）を掲載している。これは、現在でも原価計算のガイドラインとなっているものであり、参照すると効果的である。ぜひ、利用していただきたい。

　最後に、本書の出版にあたって多大なるお力を注いでくれた、とりい書房の大西社長に心から御礼を申し上げる次第である。

2024年9月

江頭　幸代

もくじ

はじめに ・・・・・・・・・・・・・・・・・・・・・・・・・・・・・・・・002

第Ⅰ部
原価計算

第 1 回　原価計算の基礎知識 ・・・・・・・・・・・・・008
第 2 回　工業簿記の勘定連絡と
　　　　原価の費目別計算・材料費会計（1）・・・015
第 3 回　原価の費目別計算・材料費会計（2）・・・022
第 4 回　原価の費目別計算：労務費・経費 ・・・・036
第 5 回　製造間接費の計算・・・・・・・・・・・・・042
第 6 回　原価の部門別原価計算―第 1 次集計・・・052
第 7 回　原価の部門別原価計算―第 2 次集計・・・058
第 8 回　個別原価計算・・・・・・・・・・・・・・・067
第 9 回　単純総合原価計算（1）・・・・・・・・・・080
第 10 回　単純総合原価計算（2）・・・・・・・・・・088
第 11 回　総合原価計算―仕損と減損 ・・・・・・・・097
第 12 回　工程別総合原価計算 ・・・・・・・・・・・105
第 13 回　組別総合原価計算 ・・・・・・・・・・・・111
第 14 回　等級別総合原価計算 ・・・・・・・・・・・115

第Ⅱ部
管理会計

第 1 回　管理会計の基礎 ・・・・・・・・・・・・・・128
第 2 回　標準原価計算の基礎・直接材料費差異 ・・131
第 3 回　直接労務費差異 ・・・・・・・・・・・・・・140
第 4 回　製造間接費差異 ・・・・・・・・・・・・・・145
第 5 回　仕掛品勘定の記帳方法・・・・・・・・・・・154
第 6 回　直接原価計算・・・・・・・・・・・・・・・162
第 7 回　原価の固変分解と CVP 分析（1）・・・・・166
第 8 回　CVP 分析（2）・・・・・・・・・・・・・・172

第III部　意思決定会計

第1回	意思決定会計とは	182
第2回	業務的意思決定（1） ―特別注文可否の意思決定	185
第3回	業務的意思決定（2） ―内製（自製）か購入かの意思決定	194
第4回	業務的意思決定（3） ―追加加工可否の意思決定	201
第5回	業務的意思決定（4） ―最適セールス・ミックス	207
第6回	業務的意思決定（5）―経済的発注量	215
第7回	貨幣の時間価値	220
第8回	構造的意思決定 ―設備投資の意思決定（1）	226
第9回	構造的意思決定 ―設備投資の意思決定（2）	234

資料

原価計算基準（企業会計審議会）・・・・・・・・・・・・241

第一章	原価計算の目的と原価計算の一般的基準	245
第二章	実際原価の計算	252
第三章	標準原価の計算	270
第四章	原価差異の算定および分析	273

索引 ・・・・・・・・・・・・・・・・・・・・・・・・・・・・・277

第 I 部
原価計算

原価計算の到達目標

　原価計算の役割は、企業が行う製品・サービスの生産活動を貨幣的に測定・記録・計算し、財務諸表作成などのために原価情報を提供することである。その原価情報の作成と計算技法について説明する。本編では、工業の活動と原価計算を含む簿記を学び、その基礎を理解することと財務諸表との関連性を理解することに目標を置く。それらの理解は、日商簿記検定をはじめ各種の試験を受けるために必須のものである。また、経営管理のために利用される原価情報について、その基本を理解することを目標とする。第Ⅰ部では、原価計算の基礎を説明でき、計算ができるようになることが目標である。

第Ⅰ部：原価計算

原価計算の基礎知識

 到達目標　原価計算制度としての原価計算の意義・目的・役割を理解する。

1 原価とは何か

　企業が原価計算を行うためのガイドラインとして広く普及しているのが原価計算基準[1]である。その第一章の三で「**原価**とは、経営における一定の給付[2]にかかわらせて、把握された財貨又は用役（これを『財貨』という）の消費を、貨幣価値的に表したものである」と定義されている。

　原価計算とは、アメリカ会計学会（AAA）[3]の原価概念および基準委員会報告書の定義によれば、「企業の経営管理者の必要に応じて原価を測定することである」[4]と規定されている。

　以下、『原価計算基準』における原価の概念と原価計算の目的を示す。

①経済価値のある財貨の消費…経済価値のない空気のようなものを消費しても原価とはならない。
②給　付　関　連　性…経営活動上作り出された製品・半製品[5]・仕掛品[6]との関連において把握される。
③経営目的関連性…企業が本来、営業活動のためになされた財貨の消費のみが原価となる。財務活動のコストは原価とはならない。
④正　　常　　性…正常な状態を前提とする価値の減少であること。

非　原　価

　原価計算制度上において、上記のような原価を構成する要件を欠く価値の減少および犠牲額が原価性を否定されたものは、**非原価**項目とされる（基準五）。

①経営目的に関連しない価値の減少（遊休資産の減価償却費、支払利息など）

②異常な状態を原因とする価値の減少（異常な仕損・減損、火災・地震などの偶発的事故による損失）

③税法上とくに認められている損金算入項目

④その他の利益剰余金に課する項目（法人税、配当金など）

原価計算の目的

①財務諸表作成…財務諸表（損益計算書・貸借対照表）に表示するために真実の原価を集計すること。

②価　格　計　算…価格計算に必要な原価資料を提供すること。

③原　価　管　理…原価管理[7]に必要な基礎資料を提供すること。

④予　算　管　理…予算編成や予算統制に必要な原価資料を提供すること。

⑤経営基本計画…経営基本計画の設定に必要な原価資料を提供すること。

原価計算期間

　原価計算制度の計算期間は、通常、**1ヶ月**である。

---

1. 昭和37年制定、大蔵省企業会計審議会中間報告。巻末に資料添付あり。
2. 給付とは、企業活動のアウトプットのことをいう。
3. American Accounting Association.
4. Report of the Committee on Cost Concepts and Standards (1952), *The Accounting Review,* April.
5. 半製品とは、中間製品として販売ができるものをいう。
6. 仕掛品とは、製造途中の未完成品で販売ができないものをいう。
7. 原価管理には、製造過程において製品を基準通りに製造する活動（原価統制、コスト・コントロール）と、原価を引き下げる活動（原価低減、コスト・リダクション）がある。

原価の分類

『原価計算基準』において、原価は製造原価と販売費および一般管理費に分類することができる。

① 測定の仕方による分類…**支出原価と機会原価**

　　支出原価とは、実際に取得のために支出された原価をいう。これらは何らかの書類（送り状や領収書など）によって、いつ、いくらもらったのかが把握できる。原価計算基準の対象となる原価である。

　　機会原価とは、意思決定を行う際の原価概念で、実際の支出はない。複数の代替案を選択した際に他の案をとっていれば得られたはずの最大の利益のことをいい、**逸失利益**である。外部報告目的には適さない。

② 形態別分類…**材料費・労務費・経費**

　　発生させる資源の形態によって、材料費・労務費・経費に分類される。**材料費**は、モノを消費することによって発生する原価である。**労務費**はヒトに関する、つまり労働力を消費することによって発生する原価である。**経費**は、上記の材料費（モノ）や労務費（ヒト）以外の資源を消費することで発生する原価をいう（たとえば、減価償却費、保険料、水道光熱費、外注加工賃など）。

③ 営業量（操業度[8]）との関連による分類…**変動費・固定費**

　　生産量や販売量や機械等の操業度などの営業量の増減に対して、比例的に発生する原価を**変動費**といい、営業量の増減に関係なく一定額発生する原価を**固定費**という。

④ 製品との関連における分類…**直接費・間接費**

　　原価計算対象に対して、生産された製品との関連でその発生が個別に認

識できる原価を**直接費**（たとえば、直接材料費など）といい、その発生が複数の製品にまたがっており、どの製品に対してどれほど貢献したのか分からない、共通的にしか認識できない原価を**間接費**（たとえば、減価償却費）という。直接費となるのか、間接費となるのかについては、原価計算対象を何にするかによって変わってくる。

⑤ 収益との対応による分類…**製品原価・期間原価**

製品別に集計された製造原価は、製品を通じて行われるので**製品原価**という。製品原価は、販売された製品の売上原価となる。一方、販売費や一般管理費は、個々の製品との間に直接的な関係を見出すことが困難であるため、**期間原価**とされる。

⑥ 業績測定のための分類…**管理可能費・管理不能費**

管理者が金額を決定することができるなどの権限を与えられており、その発生額に影響を与える原価を**管理可能費**といい、管理者が金額的に影響を与えることができない権限のない原価を**管理不能費**という。管理可能費なのか、管理不能費なのかについては、管理者に対してどの程度の権限を与えるのか、権限の大きさと対象期間によって変わってくる。

上記の②形態別分類と④製品との関連における分類を組み合わせると、総原価の構成は以下のようになる。

▪ 図表 1-1　製造原価と総原価

			一般管理費	営業費	
			販　売　費		
	間 接 経 費	製造間接費			総　原　価
	間接労務費				
	間接材料費		製　造　原　価		
直 接 経 費	製造直接費				
直 接 労 務 費					
直 接 材 料 費					

---

8. 操業度とは、生産設備を一定とした場合の利用度をいう。

原価計算の基本手続き

　原価計算は、以下の３ステップの手続きで行われるのが原則である。

　費目別計算とは、「一定期間における原価要素を費目別に分類測定する手続きをいい、財務会計における費用計算であると同時に、原価計算における第１次の計算段階である」（『原価計算基準』第二 –(9)）。

　部門別計算とは、費目別計算において把握された原価要素を、原価発生場所別・原価部門別に分類集計する手続きである。部門別の原価管理や正確な製品原価計算のために行われるが、中小企業等では省略することもある。

　製品別計算とは、原価要素を一定の製品単位に集計し、製品単位の製造原価を算定する手続きである。製品別計算は、外部報告目的（期間損益計算）と内部報告目的（利益管理など）に原価情報を提供する手続きである。

費目別計算　→　部門別計算　→　製品別計算

📝 例題 1

　以下の項目が、製造原価、販売費、一般管理費のどれに該当するか答えなさい。

① 本社従業員の給料　　　　② 営業所の水道代
③ 工場事務用消耗品費　　　④ 工場従業員の慰安旅行の費用
⑤ 本社建物の減価償却費　　⑥ 営業所の接待交際費
⑦ 工場従業員の募集費　　　⑧ 本社で使用する文房具
⑨ 工場で働く人の賃金

1 解答・解説

　工場で使用されたものは「製造原価」③④⑦⑨、営業所で使用されたものは「販売費」②⑥、本社で使用されたものは「一般管理費」①⑤⑧である。

第 I 部：原価計算

例題 2

（　　　　　）の中を埋めなさい。

製 造 間 接 費 ＝（　　　　　　）＋（　　　　　　）＋（　　　　　）

製 造 直 接 費 ＝（　　　　　　）＋（　　　　　　）＋（　　　　　）

製 造 原 価 ＝（　　　　　　）＋　製造間接費

総　原　価　＝　製 造 原 価 ＋（　　　　　　）＋　一般管理費

2 解答・解説

製 造 間 接 費	＝（**間接材料費**）＋（**間接労務費**）＋（**間接経費**）
製 造 直 接 費	＝（**直接材料費**）＋（**直接労務費**）＋（**直接経費**）
製 造 原 価	＝（**製造直接費**）＋　製造間接費
総　原　価	＝　製 造 原 価 ＋（**販 売 費**）＋　一般管理費

013

例題 3

以下の資料に基づいて、各項目の金額を計算しなさい。

直接材料費 130,000 円　間接材料費 120,000 円　直接労務費 120,000 円
間接労務費　70,000 円　直接経費　20,000 円　間接経費 230,000 円
販　売　費 100,000 円　一般管理費　40,000 円

製 造 直 接 費	円	製 造 間 接 費	円
製 造 原 価	円	総　原　　価	円

3 解答・解説

製 造 直 接 費	270,000 円	製 造 間 接 費	420,000 円
製 造 原 価	690,000 円	総　原　　価	830,000 円

第2回 工業簿記の勘定連絡と原価の費目別計算・材料費会計（1）

到達目標 工業簿記の勘定を理解し、原価の費目別計算の基礎と材料の購入について学習する。

1 工業簿記の勘定連絡

　工業簿記では、企業の製造活動について原価計算を勘定組織と有機的に結合させて継続的に記帳を行う。製品の製造活動の進行にともなって段階的に行われていくため、記録も段階的にされる。以下では、個別原価計算を用いている場合を前提として、勘定連絡図を示す。

▪ 図表 2-1 　勘定連絡図

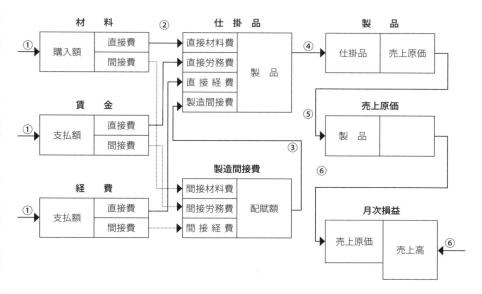

① 製品を製造するために、材料の購入・労働力の支払・経費の支払いを行ったとき、それらを**材料**、**賃金**[9]、**経費**の各勘定に記録する。

```
(借)(材      料)×××   (貸)(買 掛 金 など)×××
(借)(賃      金)×××   (貸)(現      金 など)×××
(借)(経      費)×××   (貸)(現      金 など)×××
```

② 購入した材料・労働力・経費を製品の製造のために消費したとき、製造直接費は**仕掛品勘定**[10]へ、製造間接費は**製造間接費勘定**へ振り替える。

```
(借)(仕  掛  品)×××   (貸)(材      料)×××
   (製 造 間 接 費)×××                 ×××
(借)(仕  掛  品)×××   (貸)(賃      金)×××
   (製 造 間 接 費)×××                 ×××
(借)(仕  掛  品)×××   (貸)(経      費)×××
   (製 造 間 接 費)×××
```

③ いったん**製造間接費勘定**に集計した製造間接費は、適当な基準により各製品に配賦し、これを**仕掛品勘定**に振り替える。

```
(借)(仕  掛  品)×××   (貸)(製 造 間 接 費)×××
```

④ 製品が完成したら、完成した製品の製造原価[11]を**製品勘定**に振り替える。

```
(借)(製      品)×××   (貸)(仕  掛  品)×××
```

---

9. 賃金勘定は、賃金給料勘定もしくは労務費勘定とすることもある。
10. 仕掛品勘定は、製造勘定とすることもある。
11. 完成した製品の製造原価を完成品原価という。

⑤ 製品を販売したとき、売上を計上するとともに、販売した製品の売上原価を**売上原価勘定**に振り替える。

> (借)(売 掛 金 など) ×××　　(貸)(売　　　　　上) ×××
> (借)(売 上 原 価) ×××　　(貸)(製　　　　　品) ×××

⑥ 1ヶ月ごとに売上や売上原価などの収益・費用を**月次損益勘定**に振り替える。

> (借)(売　　　　　上) ×××　　(貸)(月 次 損 益) ×××
> (借)(月 次 損 益) ×××　　(貸)(売 上 原 価) ×××

② 原価の費目別計算

　原価計算を行う第1ステップが費目別計算である。費目別計算は、実際製品原価算定のための財務会計と有機的に結びつける機能であるとともに、次のステップ（部門別計算・製品別計算）への正確性にも影響を及ぼす。また、費目別計算を構成する資源について、原価要素別に分類することによって、製品の製造に利用した原価財の管理にも有用である。

1 材料費

　材料費とは、給付（製品など）の生産および販売のために物品を消費することによって生じる原価である。材料費は形態別に以下に分類できる。

> ①素　材　費…製品の主体を構成する木材など物理的なもの。
> ②原　料　費…製品を成形する原油など化学的なもの。
> ③買入部品費…タイヤなど外部から購入して製品に取り付けるもの。
> ④燃　料　費…コークス、石炭など。
> ⑤工場消耗品費…機械油、釘類、塗料など。
> ⑥消耗工具器具備品費…ドライバー、ハンマーなど（耐用年数が1年未満であるか、取得価格が安いもの）。

　材料費はさらに、特定の製品との関連から個々の製品にどれだけ消費されたかを容易に認識できる**直接材料費**（上記の①②③）と、個々の製品にどれだけ消費されたかを容易に認識できない補助材料などの**間接材料費**（上記の④⑤⑥）とに分類することができる。

第1部：原価計算

② 労務費

労務費とは、経営活動に関連して労働力を消費することによって生じる原価である。労務費は形態別に以下に分類できる。

> ①賃　　　金…工員に対する給与。
>
> ②給　　　料…工場の職員に対する給与。
>
> ③雑　　　給…臨時やアルバイトに対する給与。
>
> ④従業員賞与手当…ボーナスや住宅手当など。
>
> ⑤退職給付引当金繰入額…退職給付引当金のうち、工場の従業員に
> 　関するもの。
>
> ⑥法定福利費…健康保険や厚生年金などの社会保険料の企業負担分
> 　など。

労務費はさらに、製品の加工作業への賃金である**直接労務費**と工場内での検査・運搬・清掃等の間接作業のような**間接労務費**とに分類することができる。

③ 経　費

経費とは、物品や労働力以外の資源を消費することで発生する原価である。経費は製品との関連から直接消費額を計算できる**直接経費**（たとえば、外注加工費、特許権使用料など）と、共通的にしか消費額を認識できない**間接経費**（たとえば、水道光熱費など）とに分類することができる。

3 材料費の記録

材料費は、材料という勘定で記録と管理をする。材料を購入した際には、材料勘定の借方に記入し、材料を倉庫から出庫した際には、材料勘定の貸方に記入する。その材料が直接材料費であれば仕掛品勘定の借方に記入する。間接材料費であれば製造間接費の借方に記入する。いったん製造間接費に記録されたものは、それを経由して仕掛品勘定の借方に記入する。

▪ 図表 2-2　材料費の記録

4 材料の購入原価（取得原価）

材料の購入原価は、次の式で求められる。

$$材料の購入原価 = 購入代価 + 材料副費$$

材料副費は、材料の購入から消費に至るまでに発生した諸掛りのことで、①外部材料副費と②内部材料副費とからなる。

①**外部材料副費**…材料が仕入先から工場に納入するまでにかかる付随費用をいい、材料の代価は、購入先に支払われる。付随費用には、引取運賃、保険料、買入手数料、関税などがある。

②**内部材料副費**[12]…材料が工場に納入されてから生じた企業内部で発生する付随費用をいう。付随費用には、購入事務手数料、検収費、整理費、選別費などがある。

例題 4

以下の材料の取得原価を計算しなさい。

（1）材料 A500 個（@ 120 円）を掛で購入し、この購入にあたって 7,000 円の引取運賃を現金で支払った。

（2）当月の材料 B の購入代価の合計額は 200,000 円である。なお、この購入にあたって 5,000 円の引取運賃が生じており、さらに購入代価の 3％（これを材料副費予定率という）を内部材料副費として予定配賦している。

4 解答・解説

（1）材料 A の取得原価 ＝ @ 120 円 × 500 個 ＋ 7,000 円 ＝ 67,000 円
　　　　　　　　　　　　　購　入　代　価　　　引取運賃

（2）材料 B の取得原価 ＝購入代価 ＋ 外部材料副費 ＋ 内部材料副費
　　＝ 200,000 円 ＋ 5,000 円 ＋ 6,000 円 (*)
　　　購　入　代　価　　引取運賃
　　＝ 211,000 円

　（*）内部材料副費＝購入代価× 3 ％＝ 200,000 円× 3 ％＝ 6,000 円

---

12. 内部材料副費の全部または一部は購入原価に含めないことも認められている。その際には、間接経費として処理するか、材料出庫の際に追加配賦を行う。

第I部：原価計算

第3回 原価の費目別計算・材料費会計（2）

到達目標 材料の消費と材料費会計の復習をする。

1 材料の消費

材料の実際消費量の把握方法

材料の実際消費量を把握する方法は、以下の2つがある。

① **継続記録法** →継続的に、材料の購入と払出を帳簿に記録する方法である。
（原則）　　継続的に記録することによって、材料の会計管理が可能となり、月末の帳簿残高と実際有高の差額で棚卸減耗費（間接経費）が把握できる。この方法は、正確ではあるが、記録に手間がかかるので、主要な材料、つまり直接材料費に適用することが望ましい。

② **棚卸計算法** →材料の購入のみを帳簿に記録し、払出については帳簿に記録しない方法である。棚卸計算法は、数量記録を伴わない
（簡便的）　　重要性の乏しい材料[13]、つまり間接材料費に適用される。
実際消費量＝（月初数量＋当月購入数量）－月末実地数量で求められる。

13.「重要性の原則」では、重要性の乏しいものについては、簡便な処理にすることが許容されている。

第 I 部：原価計算

材料の実際消費価格の計算

材料の消費価格は、原則として購入原価をもって計算するが、その決定方法としては、おおむね以下の３つがある。

①先入先出法→先に仕入れた材料から先に出庫するという仮定で計算を行う。この方法では、カネの流れとモノの流れが一致するので、現実の企業活動には合っている。

②移動平均法→材料を購入するつど、（残高＋仕入高）÷（残量＋仕入量）で計算を行って、平均単価を計算し、その価格をもって、材料の消費価格とする。材料の残高も把握できるので、在庫管理には優れている。また、材料の価格変動が激しい場合には、この方法を適用することが望ましい。

③総 平 均 法→月次に（月初有高＋当月仕入高）÷（月初在庫量＋当月仕入量）で計算を行う。平均単価の計算が１回なので、計算が簡便であるが、月末にならないと、消費価格が算出できない。

材料費 ＝ 消 費 量 × 消 費 価 格
①継続記録法　　　①先入先出法
②棚卸計算法　　　②移動平均法
　　　　　　　　　③総平均法　など

材料の消費単価は、計算を迅速化すること、製造原価の変動性を排除することを目的において、予定消費単価の利用も認められている。予定消費価格と実際消費価格の差額によって生じる原価差異を**材料消費価格差異**という。

有利差異（貸方差異）：
（予定消費単価×実際消費数量）＞（実際消費単価×実際消費数量）

不利差異（借方差異）：
（予定消費単価×実際消費数量）＜（実際消費単価×実際消費数量）

次の材料の受入・払出に関する資料に基づいて、①先入先出法 ②移動平均法 ③総平均法により材料元帳への記入を行いなさい。

【資料】

5/ 1　前 月 繰 越　　300 個　　@ 120 円
　 7　仕　　　　入　　500 個　　@ 140 円
　11　払　　　　出　　700 個
　19　仕　　　　入　　200 個　　@ 134 円
　22　払　　　　出　　230 個
　27　11 日払出分のうち、30 個が倉庫に返還された。

①先入先出法

日付		摘　　要	受　入			払　出			残　高		
			数量	単価	金額	数量	単価	金額	数量	単価	金額
5	1	前 月 繰 越									
	7										
	11										
	19										
	22										
	27										
	31	次 月 繰 越									
6	1	前 月 繰 越									

②移動平均法

日付		摘　　　要	受　　入			払　　出			残　　高		
			数量	単価	金額	数量	単価	金額	数量	単価	金額
5	1	前 月 繰 越									
	7										
	11										
	19										
	22										
	27										
	31	次 月 繰 越									
6	1	前 月 繰 越									

③総平均法

日付		摘　　　要	受　　入			払　　出			残　　高		
			数量	単価	金額	数量	単価	金額	数量	単価	金額
5	1	前 月 繰 越									
	7										
	11										
	19										
	22										
	27										
	31	次 月 繰 越									
6	1	前 月 繰 越									

⑤ 解答・解説

①先入先出法

日付		摘　　　要	受　入			払　出			残　高		
			数量	単価	金額	数量	単価	金額	数量	単価	金額
5	1	前 月 繰 越	300	120	36,000				300	120	36,000
	7	仕　　　入	500	140	70,000				{ 300	120	36,000
									500	140	70,000
	11	売　　　上				{ 300	120	36,000			
						400	140	56,000	100	140	14,000
	19	仕　　　入	200	134	26,800				{ 100	140	14,000
									200	134	26,800
	22	売　　　上				{ 100	140	14,000			
						130	134	17,420	70	134	9,380
	27	戻　　　入※				30	140	4,200	{ 30	140	4,200
									70	134	9,380
	31	次 月 繰 越				{ 30	140	4,200			
						70	134	9,380			
			1,000		132,800	1,000		132,800			
6	1	前 月 繰 越	{ 30	140	4,200				{ 30	140	4,200
			70	134	9,380				70	134	9,380

※ 戻入は、払出欄に朱記する。11 日払出分は、@ 120 円@ 140 円の 2 種類があるが、「先入先出法」なので新しいもの（つまり、@ 140 円）を倉庫に返還する。残高欄には、次回の出庫の際に最初に出庫させるため、最初に記入する。

第Ⅰ部：原価計算

②移動平均法

日付		摘 要	受 入			払 出			残 高		
			数量	単価	金額	数量	単価	金額	数量	単価	金額
5	1	前 月 繰 越	300	120	36,000				300	120	36,000
	7	仕 入	500	140	70,000				①800	132.5	106,000
	11	売 上				700	132.5	92,750	100	132.5	13,250
	19	仕 入	200	134	26,800				300	②133.5	40,050
	22	売 上				230	133.5	30,705	70	133.5	9,345
	27	戻 入※				**30**	**132.5**	**3,975**	100	③133.2	13,320
	31	次 月 繰 越				100	133.2	13,320			
			1,000			1,000					
6	1	前 月 繰 越	100	133.2	13,320				100	133.2	13,320

① （36,000 円＋ 70,000 円）÷（300 個＋ 500 個）＝ 132.5 円

② （13,250 円＋ 26,800 円）÷（100 個＋ 200 個）＝ 133.5 円

③ （9,345 円＋ 3,975 円）÷（70 個＋ 30 個）＝ 133.2 円

※単価は 11 日分の戻り分なので@ 132.5 円である。

③総平均法

日付		摘 要	受 入			払 出			残 高		
			数量	単価	金額	数量	単価	金額	数量	単価	金額
5	1	前 月 繰 越	300	120	36,000				300	120	36,000
	7	仕 入	500	140	70,000				800		
	11	売 上				700			100		
	19	仕 入	200	134	26,800				300		
	22	売 上				230			70		
	27	戻 入				**30**			①100	132.8	13,280
	31	次 月 繰 越				100	132.8	13,280			
			1,000		132,800	1,000		132,800			
6	1	前 月 繰 越	100	132.8	13,280				100	132.8	13,280

① 132,800 円÷ 1,000 個＝ 132.8 円

027

例題 6

以下の資料に基づき、材料費および月末帳簿棚卸高を計算しなさい。なお、継続記録法により実際消費量を計算している。

【資料】

前月繰越額	200 個	(@ 300 円)
当月購入高	5,000 個	(@ 300 円)
当月出庫高	4,800 個	(庫出票に製造指図書番号記載あり)
	300 個	(庫出票に製造指図書番号記載なし)

直接材料費	円	間接材料費	円
帳簿棚卸高	円		

6 解答・解説

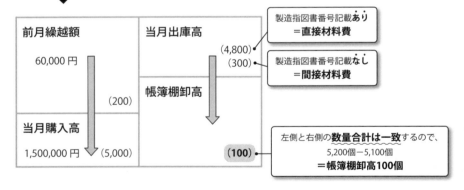

直接材料費	@ 300 円 × 4,800 個 = 1,440,000 円
間接材料費	@ 300 円 × 300 個 = 90,000 円
帳簿棚卸高	@ 300 円 × 100 個 = 30,000 円

例題 7

以下の資料に基づき、材料費を計算しなさい。なお、棚卸計算法により実際消費量を計算している。

【資料】
前 月 繰 越 額　　100 個　（@ 400 円）
当 月 購 入 高　2,000 個　（@ 400 円）
当 月 出 庫 高　　　？
月末実地棚卸高　　400 個　（@ 400 円）

間接材料費　　　　　　円

7 解答・解説

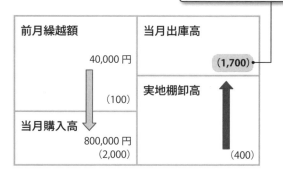

左側と右側の**数量合計は一致**するので、
2,100個－400個＝
当月出庫高1,700個

| 間 接 材 料 費 | @ 400 円× 1,700 個 ＝680,000 円 |

例題 8

以下の資料に基づき、材料費を計算しなさい。なお、棚卸計算法により実際消費量を、総平均法により消費価格を計算している。

【資料】

前月繰越額	100個	(@ 200円)
当月購入高	1,500個	(@ 400円)
月末実地棚卸高	200個	

間接材料費　　　　　　　円

8 解答・解説

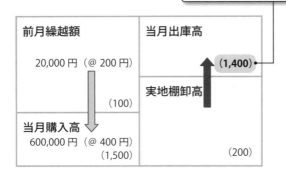

総平均法：
(20,000円 + 600,000円) ÷ (100個 + 1,500個) = @ **387.5円**

| 間接材料費 | @ 387.5円 × 1,400個 = 542,500円 |

例題9

以下の取引の仕訳と材料勘定の記入を行いなさい。なお実際消費量を、A材料は継続記録法、B材料は棚卸計算法によって計算し、消費価格をA材料は先入先出法、B材料は総平均法によって求めなさい（平均単価を少数第1位で四捨五入すること）。

【資料】

- 7/1　前月繰越　　A材料　　500kg　　@150円
　　　　　　　　　B材料　　50個　　@50円
- 5日　A材料142,500円（750kg）とB材料8,000円（100個）を掛けで購入した。
- 10日　A材料800kgを製造指図書No.1に出庫した。
- 25日　A材料50kgを間接材料として出庫した。
- 31日　B材料の月末実地棚卸量は25個であり、間接材料費を計上した。
- 31日　A材料の月末実地棚卸量は300kgであり、棚卸減耗費を計上した、製造間接勘定へ振り替える。

	借方科目	金　額	貸方科目	金　額
7/5				
10				
25				
31				
31				

材　料

9 解答・解説

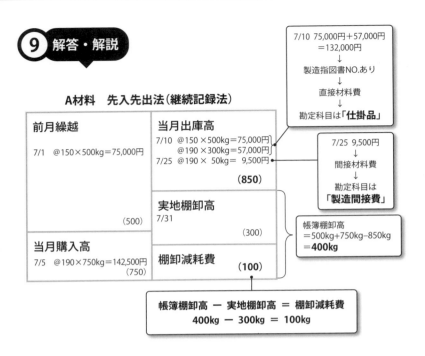

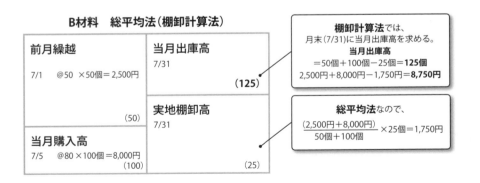

第 I 部：原価計算

	借方科目	金　額	貸方科目	金　額
7/5	材　　　料	150,500	買　掛　金	150,500
10	仕　掛　品	132,000	材　　　料	132,000
25	製 造 間 接 費	9,500	材　　　料	9,500
31	製 造 間 接 費	8,750	材　　　料	8,750
31	製 造 間 接 費	19,000	材　　　料	19,000

　Ａ材料とＢ材料の２つのボックス図を合わせて【材料】の勘定元帳に記入する。ボックス図と勘定元帳の場所は同じ。

材　　料

7/1 前 月 繰 越	77,500	7/10 仕　掛　品	132,000
5 買　掛　金	150,500	25 製造間接費	9,500
		31 製造間接費	8,750
		31 製造間接費	19,000
		31 次 月 繰 越	58,750

A材料75,000円＋B材料2,500円
＝77,500円

A材料142,500円＋B材料8,000円
＝150,500円

033

例題10

次の取引により、仕訳を行いなさい。なお、実際消費量はA材料が継続記録法、B材料が棚卸計算法により行っている。消費価格はA材料が先入先出法により、B材料は総平均法により計算を行っている。また、当社は、A材料について製品原価の計算を迅速に行うため、@300円の予定消費価格により材料費を計算している。

【資料】

6/1	前月繰越	A材料	150kg	@280円
		B材料	50個	@213円

5日　A材料　200,000円（600kg）を掛けで購入した。なお、引取運賃4,000円は翌月に支払うことにした。

7日　A材料400kgを製品Qの製造のために出庫した。

13日　A材料　144,000円（450kg）を掛けで購入した。

17日　B材料　106,600円（500個）を掛けで購入した。なお、引取運賃1,000円は現金で支払った。

20日　A材料500kgを製品Rの製造のために出庫した。

30日　予定消費価格による材料費と実際消費価格による材料費との差額を材料消費価格差異勘定に振り替えた。

30日　B材料の月末実地棚卸量は40個であった。

30日　A材料の月末実地棚卸量は190kgであった。帳簿棚卸高と実地棚卸高との差は正常な範囲内であるため、この差額を原価として計上した。

	借方科目	金　額	貸方科目	金　額
6/5				
7				
13				
17				
20				
30				
30				
30				

034

⑩ 解答・解説

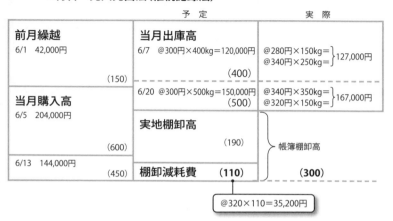

		借方科目	金　　額	貸方科目	金　　額
予定価格	6/5	材　　　　料	204,000	買　　掛　　金	200,000
				未　　払　　金	4,000
	7	仕　　掛　　品	120,000	材　　　　料	120,000
	13	材　　　　料	144,000	買　　掛　　金	144,000
	17	材　　　　料	107,600	買　　掛　　金	106,600
				現　　　　金	1,000
予定価格	20	仕　　掛　　品	150,000	材　　　　料	150,000
	30	材　　　　料	24,000	材料消費価格差異	24,000
	30	製 造 間 接 費	109,650	材　　　　料	109,650
	30	製 造 間 接 費	35,200	材　　　　料	35,200

第Ⅰ部：原価計算

第4回 原価の費目別計算：労務費・経費

到達目標　費目別計算のうち労務費と経費について学習する。

1　支払賃金の記録

　労務費も、材料費と同様に、購入額と消費額の記録をとるが、労務費の場合の工具が提供する労働力の購入額を支払賃金といい、その労働力の消費額の計算を消費賃金という。ただし、支払賃金は、製品の製造に直接関わっている直接工と点検や清掃など製品の製造に直接関わっていない間接工とでは、把握の仕方が異なる。

　直接工の支払賃金は、基本給＋加給金で求められ、**直接労務費**となる。直接工の間接作業分の労務費と定時外の割増手当（残業手当）は、製品製造と直接認識ができないことから、**間接労務費**として処理するのが通常である。間接工の基本給＋加給金および給料や雑給は、間接労務費となる。勤務時間からみると、以下のようになる。

勤務時間の内容

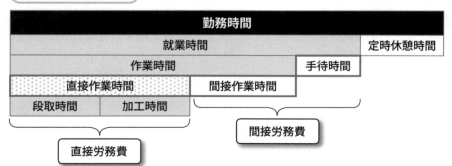

2 消費賃金の計算

①直接工：

直接労務費は、直接工の消費賃率×実際直接作業時間で求められる。**消費賃率**には、個々の直接工ごとに計算される個別賃率のほかに平均賃率がある。個別賃率によれば、以下で求められる。

$$消費賃率 = \frac{直接工の基本賃金 + 加給金}{直接工の就業時間}$$

支払賃金の加給金を加えることによって、加給金も消費賃率に反映されることとなる。

②間接工（給料・雑給）：

労働力は、従業員から提供を受けると同時に消費するが、その対価の支払は後になり、原価計算期間と給与計算期間はズレが生じることになる。

> **原価計算期間のズレと給与計算期間**

原価計算期間は5/1～5/31であるのに対し、給与計算期間は4/25～5/24である。つまり、賃金の当月支給額と原価計算の要支払額は異なるため、調整計算によって原価計算の要支払額を求めることとなる。この場合、原価計算期間の要支払額は、賃金の当月末未払額（5/25～5/31）を加算したものから、前月未払額（4/25～4/30）を減算して求める。

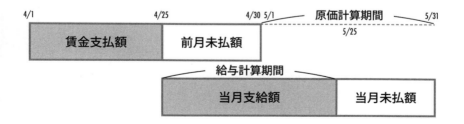

5/1～5/31の消費賃金額

（4/25 ～ 5/25 の当月支給額） ＋ （5/25 ～ 5/31 の当月未払額）
　－ （4/25 ～ 4/30 の前月未払額）

賃　　金

当月支給額 (4/25-5/24)	前月未払額 (4/25-4/30)
当月未払額 (5/25-5/31)	当月消費額 (5/1-5/31)

　なお、直接工の消費賃率は、予定消費賃率の利用も認められている。予定消費賃率と実際消費賃率の差額によって生じる原価差異を**賃率差異**という。

有利差異（貸方差異）
（予定消費賃率×実際就業時間）＞（実際消費賃率×実際就業時間）

不利差異（借方差異）
（予定消費賃率×実際就業時間）＜（実際消費賃率×実際就業時間）

以下の直接工の資料に基づき、直接労務費と間接労務費を計算しなさい。

① 当月就業時間　　　　　　2,000 時間
② 当月作業時間の内訳：
　　直接作業時間　　　1,500 時間
　　間接作業時間　　　　350 時間
　　手 待 時 間　　　　　？時間
③ 消費賃率は1時間あたり 800 円である。

11 解答・解説

直接労務費＝@ 800 円× 1,500 時間＝ 1,200,000 円

手 待 時 間＝ 2,000 時間－ 1,500 時間－ 350 時間＝ 150 時間

間接労務費＝@ 800 円×（350 時間＋ 150 時間）＝ 400,000 円

直接労務費	1,200,000 円	間接労務費	400,000 円

③ 経費の計算

経費とは、原価計算基準によれば、「材料費、労務費以外の原価要素をいい、減価償却費、棚卸減耗費および福利施設負担額、賃借料、修繕料、電力料、旅費交通費等の諸支払経費に細分する」（基準8-（1））と定められている。経費についても、材料費や労務費と同様に、製品個々に直接認識できるかどうかによって、**直接経費**と**間接経費**に分類される。しかし、経費の多くは個々の製品にその発生が跡付けられないため、間接経費に分類されるものが多く、直接経費として分類できるものは、外注加工賃、特許権使用料などである。

間接経費の分類

間接経費は、把握方法によって、次のように分類される。

①**支払経費**とは、実際の支払額に基づいて消費額が計算される経費で、支払額＝消費額となり、旅費交通費や通信費、保管料などである。

②**測定経費**とは、ガスや水道、電気など計量器（メーター）の測定高に基づいて消費額が計算される経費で、水道光熱費などである。

③**月割経費**とは、一定期間を単位として発生する経費で、減価償却費などがこれにあたる。減価償却費は、決算時に1年分として計算されるので12ヶ月で除して計算する。

④**発生経費**とは、その実際の発生額に基づいて消費額が計算される経費で、棚卸減耗費や仕損費などがある。棚卸減耗費とは、材料など帳簿在庫量と実際棚卸量との差のことをいう。

例題12

以下の経費の当月消費額を計算しなさい。

①外注加工賃： 当月支払額　18,000円　　前月前払額　5,000円
　　　　　　　　当月末未払額　4,000円
②保　険　料： 年　　　額　48,000円
③減価償却費： 月割計上額　20,000円
④電　力　料： 当月支払額　10,000円　　当月測定額　12,000円
⑤棚卸減耗費： 帳簿棚卸量　　100個
　　　　　　　　実施棚卸量　　　80個
　　　　　　　　材料消費価格　@1,000円

12 解答・解説

①外注加工賃：18,000円＋4,000円＋5,000円＝27,000円

②保　険　料：48,000円÷12ヶ月＝4,000円

③減価償却費：20,000円

④電　力　料：12,000円

⑤棚卸減耗費：（100個－80個）×@1,000円＝20,000円

製造間接費の計算

到達目標　費目別計算を経て明らかになった製造間接費（間接材料費、間接労務費、間接経費）について学習する。

　製造間接費とは、間接材料費・間接労務費・間接経費のことをいい、製造原価のうち製品との関連において直接的に認識・把握できないコストをいう。製造間接費は、どの製品にいくらかかったのかを認識できず、共通的に貢献しているものであるから、何らかの方法で製品別に割り当てなくてはならない。製造間接費のように製品に直接その発生が認識・把握できない原価に対して、何らかの基準を用いて割り当てる手続きを**配賦**[14]という。この場合の何らかの基準のことを**配賦基準**という。

配賦基準の選択

　製造間接費は、配賦基準に応じて各製品に配賦され、この基準は、基本的に受益者負担の考えによる。高橋賢教授は、「配賦基準の選択に際しては、それが経済的な方法で測定される尺度を採らなければならない。配賦基準の測定自体に手間とコストがかかってしまうのは意味がない」[15]という。

> **実際配賦**：実際に発生した製造間接費を実際の配賦基準量で割って配賦率を計算し、製品などに製造間接費を配賦すること。

　しかしながら、実際配賦だと①月末になるまで原価が確定しないため、計

---
14. 製造直接費のように製品との関連性が明確であり、それに跡付けられるものを直課という。
15. 髙橋賢 (2015)『テキスト原価会計』第2版、中央経済社、29ページ。

算が迅速にできない、②営業量（操業度）によって単位原価が変化するという製造原価の変動性が排除できない。そこで、上記のような実際配賦での問題点を回避するために、予定配賦率を用いて予定配賦額を計算すれば、予定配賦額と実際配賦額との差異が算出でき、製造間接費管理に有効となる。つまり、実際生産量や実際操業度ではなく、見込みの生産量（**正常生産量**）や見込みの操業度（**正常操業度**）を基準にして製造間接費を見積もり、原価計算期間の開始前に**予定配賦率**を設定し、製造間接費を製品に配賦する。

基準操業度

　配賦基準となる**基準操業度**は、経営資源の利用の程度により、以下の4つが考えられる。

需要を考慮しない場合

① 理想的生産能力：

　最高の能率操業で、全く操業が中断しない状態における操業水準のことをいう。

② 現実的(実際的)生産能力：

　①の理想的生産能力から、不可避的な原因で生じる機械の故障、修理や休業などで操業が停止した場合の生産量の減少分を排除した操業水準のことをいい、実現可能な最大生産能力である。

需要を考慮した場合

③ 平均操業度：

　需要の増減に伴った生産量の増減を基礎としたもので、長期的に平均した操業水準のことをいう。

④ 期待実際操業度：

　次の1年間の販売予測を基礎とした操業水準のことをいう。

企業は、上記の４つの操業水準のうち正常と思われる水準を選定[16]し、それが製造間接費を正常配賦する際の基準操業度となる。

2 変動予算

　製造間接費の見積りは、一般的に**変動予算**で行われる。変動予算とは製造間接費予算額を操業度の変動に応じて変動させ、発生すべき製造間接費の予算許容額を自動的に算出する計算資料のことをいう。変動予算には、以下の２つがある。

①**公式法変動予算**…製造間接費予算額は、操業度の変動に応じて変動し、製造間接費をグラフで示した場合に線形であるという過程に基づいて設定される。

> **製造間接費予算額＝変動費率×操業度＋固定費予算**

②**実査法変動予算**…複数の操業度水準における製造間接費予算額について、ある操業区間に区切って製造間接費の発生額を見積もるものである。

3 正常配賦額

　あらかじめ定めた配賦率を**予定配賦率**と呼び、予定配賦率を用いて配賦額を計算することを予定配賦という。予定配賦は正常操業度を前提に算定した配賦率でもって計算することから**正常配賦**ともいわれる。

> **正常配賦率 ＝ 製造間接費予算額 ÷ 基準操業度**

---

16. これまで、平均操業度を正常操業度とする場合が多かったが、市場環境の変化から、近年、期待実際操業度を基準操業度に用いた正常配賦を行う傾向が強まっている。

第 I 部：原価計算

　正常配賦額は、あくまでも予定額のため、月末に判明する実際発生額とは当然、差が生じる。この正常配賦額と実際発生額との差額を**総差異（製造間接費配賦差異）**という。

> **正常配賦額 − 実際発生額 ＝ 総差異（製造間接費配賦差異）**

　差額については、次期の活動の改善を検討するために、原因別に分析（これを**原価差異分析**という）する必要がある。

例題13

　次の資料を基礎として、基準操業度となる①理想的生産能力　②現実的(実際的)生産能力　③平均操業度　④期待実際操業度を求めなさい。

〈資料：生産・需要データ〉

　製造設備台数：1 台
　作業日数（年間）：310 日（1 日 24 時間稼働）
　不可避な作業休止時間：250 時間
　製品 1 個あたりの作業時間：1 時間
　今後 5 年間の製品需要量：35,000 個
　今後 1 年間の製品需要量：6,500 個

13 解答・解説

①理想的生産能力 ＝ 24 時間 / 日 × 310 日 ＝ 7,440 時間

②現実的(実際的)生産能力 ＝ 7,440 時間 − 250 時間 ＝ 7,190 時間

③平均操業度 ＝ 35,000 個 ÷ 5 年間 ＝ 7,000 時間

④期待実際操業度 ＝ 6,500 時間

次の資料を基礎として、①製造間接費の予定配賦率②製造間接費の予定配賦額③製造間接費配賦差異を求めなさい。

〈資料：生産・原価データ〉

基準操業度(年間)：12,000 時間
実際作業時間：960 時間
製造間接費予算額(年間)：6,000,000 円(うち固定費 4,000,000 円)
製造間接費実際発生額(月間)：500,000 円

14 解答・解説

①製造間接費の予定配賦率 ＝ 製造間接費予算額 ÷ 基準操業度
　＝ 6,000,000 円 ÷ 12,000 時間
　＝ @ 500 円
②製造間接費の予定配賦額 ＝ 予定配賦率 × 実際作業時間
　＝ @ 500 円 × 960 時間 ＝ 480,000 円
③製造間接費配賦差異＝予定配賦額－実際発生額
　＝ 480,000 円 － 500,000 円 ＝ △ 20,000 円
　∴ 20,000 円（借方差異）

例題 15

以下の資料にもとづいて、解答用紙の月次製造原価報告書および月次損益計算書を完成しなさい。

【資料1】棚卸資産について（単位：円）

	月初有高	月末有高	当月支払高
主　要　材　料	8,000	18,000 (※1)	250,000
買　入　部　品	5,500	3,000	29,000
工　場　消　耗　品	—	—	4,000
消耗工具器具備品	—	—	3,800

（※1）18,000円は帳簿棚卸高を示すものであり、実際有高を確認したところ15,000円であった。棚卸差額の3,000円は原価性のある減耗であり、間接経費として製品原価に算入する。

【資料2】賃金給料について（単位：円）

	月初未払高	月末未払高	当月支払高
直　接　工　賃　金 (※2)	4,000	8,000	320,000
間　接　工　賃　金	1,500	4,000	65,000
工　場　事　務　員　給　料	1,300	2,500	28,000
販　売　員　給　料	500	3,000	60,000
本　社　事　務　員　給　料	0	0	31,000

（※2）消費額のうち45,000円は間接労務費とする。

【資料3】上記1および2を除く製造原価・販売費・一般管理費について（単位：円）

外注加工賃	45,000	建物減価償却費 (※3)	840,000
機械減価償却費 (※4)	600,000	特許権使用料 (※5)	5,000
水道光熱費 (※6)	22,000	その他の間接労務費	47,000
広告宣伝費	95,000	その他の販売費	270,000
その他の間接経費	29,000		
その他の一般管理費	190,000		

（※3）840,000円は年間の見積額である。なお、このうち360,000円は工場分、480,000円は本社分である。
（※4）600,000円は年間の見積額である。
（※5）製品製法に関する特許権使用料であり、直接経費とする。
（※6）このうち12,000円は工場分、10,000円は本社分である。

【資料4】 製造間接費は、予定配賦率を用いて正常配賦しており、その配賦差
異は売上原価に賦課する。

月次製造原価報告書

(単位：円)

Ⅰ. 直接材料費	(	)
Ⅱ. 直接労務費	(	)
Ⅲ. 直接経費	(	)
Ⅳ. 製造間接費配賦額		310,000
当月総製造費用	(	)
月初仕掛品棚卸高		150,000
合　　計	(	)
月末仕掛品棚卸高		250,000
当月製品製造原価	(	)

月次損益計算書

(単位：円)

Ⅰ. 売　　上　　高			1,750,000
Ⅱ. 売　上　原　価			
月初製品棚卸高	328,000		
当月製品製造原価	( )		
合　　計	( )		
月末製品棚卸高	340,000		
差　　引	( )		
製造間接費配賦差異	( )	( )	
売上総利益		( )	
Ⅲ. 販売費および一般管理費			
販　　売　　費	( )		
一　般　管　理　費	( )	( )	
営業利益		( )	

第 I 部：原価計算

⑮ 解答・解説

【月次製造原価報告書】

Ⅰ. 直接材料費

【資料1】のうち、直接材料費は主要材料と買入部品である。

主要材料（8,000円＋250,000円－18,000円）＋買入部品（5,500円＋
29,000円－3,000円）＝ **271,500円**

Ⅱ. 直接労務費

【資料2】のうち、直接労務費は直接工賃金のみである。

320,000円＋8,000円－4,000円－45,000円（間接労務費）＝ **279,000円**

Ⅲ. 直接経費

【資料3】のうち、直接経費は外注加工賃と特許権使用料である。

45,000円＋5,000円＝ **50,000円**

当月総製造費用 ＝ 271,500円＋279,000円＋50,000円＋310,000円＝ **910,500円**

合　　　　計 ＝ 910,500円＋150,000円＝ **1,060,500円**

当月製品製造原価 ＝ 1,060,500円－250,000円＝ **810,500円**

【月次損益計算書】

Ⅱ. 売上原価

当月製品製造原価＝【月次製造原価報告書】と同じ。

合　　　　　　計＝ 328,000円＋810,500円＝ **1,138,500円**

差　　　　　　引＝ 1,138,500円－340,000円＝ **798,500円**

製造間接費配賦差異＝ 予定製造間接費 － 実際製造間接費で求める。

・実際製造間接費：

（間接材料費）

［資料1より］4,000円（工場消耗品）＋3,800円（消耗工具器具備品）＝7,800円

049

（間接労務費）

［資料2より］45,000円（直接工賃金のうち間接労務費）

［資料2より］65,000円＋4,000円－1,500円＝67,500円（間接工賃金）

［資料2より］28,000円＋2,500円－1,300円＝29,200円（工場事務員給料）

［資料3より］47,000円（その他の間接労務費）

（間接経費）

［資料1より］棚卸減耗費 3,000円

［資料3より］機械減価償却費 600,000円÷12＝50,000円

［資料3より］建物減価償却費工場分 360,000円÷12＝30,000円

［資料3より］水道光熱費 12,000円

［資料3より］その他の間接経費 29,000円

以上を合算すると、実際製造間接費は320,500円。予定製造間接費は、
【月次製造原価報告書】より**310,000円**なので、**製造間接費配賦差異**は、
310,000円－320,500円＝**10,500円**

売上総利益＝売上高 1,750,000円－**売上原価** 809,000円＝**941,000円**

Ⅲ．販売費および一般管理費

（販売費）

［資料2より］60,000円＋3,000円－500円＝62,500円（販売員給料）

［資料3より］95,000円（広告宣伝費）＋270,000円（その他の販売費）

販売費＝62,500円＋95,000円＋270,000円＝**427,500円**

（一般管理費）

［資料2より］31,000円（本社事務員給料）

［資料3より］190,000円（その他の一般管理費）

建物減価償却費本社分 480,000円÷12＝40,000円、10,000円（水道
光熱費）

一般管理費＝31,000円＋190,000円＋40,000円＋10,000円

$$= 271{,}000 \text{ 円}$$

営業利益＝売上総利益 941,000 円**－販売費および一般管理費** 698,500 円

$$= 242{,}500 \text{ 円}$$

月次製造原価報告書

(単位：円)

Ⅰ.	直接材料費	(271,500)
Ⅱ.	直接労務費	(279,000)
Ⅲ.	直接経費	(50,000)
Ⅳ.	製造間接費配賦額	310,000
	当月総製造費用	(910,500)
	月初仕掛品棚卸高	150,000
	合　　計	(1,060,500)
	月末仕掛品棚卸高	250,000
	当月製品製造原価	(810,500)

月次損益計算書

(単位：円)

Ⅰ.	売　上　高		1,750,000
Ⅱ.	売　上　原　価		
	月初製品棚卸高	328,000	
	当月製品製造原価	(810,500)	
	合　　計	(1,138,500)	
	月末製品棚卸高	340,000	
	差　引	(798,500)	
	製造間接費配賦差異	(10,500)	(809,000)
	売上総利益		(941,000)
Ⅲ.	販売費および一般管理費		
	販　売　費	(427,500)	
	一　般　管　理　費	(271,000)	(698,500)
	営業利益		(242,500)

第I部：原価計算

第6回 原価の部門別原価計算
——第1次集計

 到達目標 部門別原価計算の基礎と部門費の第1次集計について学習する。

部門別原価計算とは、費目別計算で材料費・労務費・経費それぞれに計算された製造間接費を、より正確に各製品に配賦するために、原価の発生場所である部門ごとに集計する手続きである。

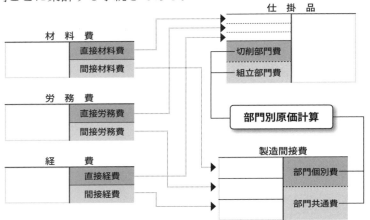

部門別計算は、費目別計算と製品別計算の間に位置する原価計算の第二ステップである。

> 費目別計算（材料費会計・労務費会計・経費会計）→**部門別計算**→製品別計算（個別原価計算・総合原価計算）

部門別原価計算では、部門別に集計された製造間接費を部門ごとに適切な

---

17. 原価部門とは、「原価の発生を機能別、責任区分別に管理するとともに、製品原価の計算を正確にするために、原価要素を分類集計する計算組織上の区分である」（基準16）
原価管理を重視するためには、原価部門を多く設定することが望ましいが、一方で計算が面倒になる。

配賦基準を用いて配賦することで、より正確な製品原価の計算ができる。また、原価を責任区分ごとに把握できるようになるため、各部門の管理責任者の原価責任が明確となり、原価管理に有効である。

 部門別計算の基本的手続き

①原価部門[17]の設定。

製造部門と補助部門

製造部門…製品の加工に直接従事する部門（切削部門、組立部門など）。
補助部門…製造部門あるいは他の補助部門に提供する部門（修繕部門、動力部門、工場事務部門など）。

②部門別に計算する製造間接費の要素を把握し、原価の範囲を確定。
③部門個別費の各部門の直課。部門共通費の適切な基準における配賦【第1次集計】。
④補助部門費から製造部門への配賦【第2次集計】。

【部門別計算の第1次集計】
☞製造間接費を部門個別費と部門共通費に分けて集計すること。

部門個別費と部門共通費

部門個別費[18]…どの部門で発生したかが直接認識できる原価。原価が発生した部門を特定できるので、その部門に直課する。
部門共通費 …2つ以上の部門に共通的に発生するため、どの部門で発生したかを直接認識できない原価。原価が発生した部門を特定できないので、その部門共通費に応じた適切な配賦基準によって配賦する。
　　　　　　　例）建物減価償却費⇒占有面積、福利費⇒従業員数など

---
18. 材料費は出庫表、労務費は作業報告書等の記録、経費は支払票や測定票などから個別費を把握する。

以下の資料にもとづいて、部門費配賦表を作成しなさい。

【資料】
(1) 部門個別費実際発生額

	第1製造部	第2製造部	動力部	工場事務部	合 計
間接材料費	227,625 円	122,250 円	26,300 円	8,225 円	384,400 円
間接労務費	152,000 円	72,000 円	111,000 円	50,000 円	385,000 円

(2) 部門共通費実際発生額

建物減価償却費　　63,000 円　　建物固定資産税　　50,000 円
機　械　保　険　料　　30,000 円　　福利施設負担額　　99,000 円

(3) 部門共通費の配賦基準に関する資料

	第1製造部	第2製造部	動力部	工場事務部	合 計
建物に対する占有面積	50㎡	25㎡	15㎡	10㎡	100㎡
機械帳簿価額	450 万円	200 万円	100 万円	50 万円	800 万円
従業員数	28 人	20 人	12 人	6 人	66 人

部　門　費　配　賦　表

	合　計	製造部門		補助部門	
		第1製造部	第2製造部	動力部	工場事務部
部　門　個　別　費					
間　接　材　料　費					
間　接　労　務　費					
部門個別費計					
部　門　共　通　費					
建物減価償却費					
建物固定資産税					
機　械　保　険　料					
福利施設負担額					
部門共通費計					
部　門　費　合　計					

第Ⅰ部：原価計算

⑯ 解答・解説

部 門 費 配 賦 表

	合　計	製造部門		補助部門	
		第1製造部	第2製造部	動力部	工場事務部
部 門 個 別 費					
間 接 材 料 費	384,400	227,625	122,250	26,300	8,225
間 接 労 務 費	385,000	152,000	72,000	111,000	50,000
部 門 個 別 費 計	769,400	379,625	194,250	137,300	58,225
部 門 共 通 費					
建物減価償却費	63,000	31,500	15,750	9,450	6,300
建物固定資産税	50,000	25,000	12,500	7,500	5,000
機 械 保 険 料	30,000	16,875	7,500	3,750	1,875
福利施設負担額	99,000	42,000	30,000	18,000	9,000
部 門 共 通 費 計	242,000	115,375	65,750	38,700	22,175
部 門 費 合 計	1,011,400	495,000	260,000	176,000	80,400

　部門共通費は、原価要素別に、またはその性質に基づいて一括して、適切な配賦基準を用いて配賦する。本問では、以下の配賦基準を用いる。

建物減価償却費・建物固定資産税　→　建物に対する占有面積

機械保険料　　　　　　　　　　　→　機械帳簿価額

福利施設負担額　　　　　　　　　→　従業員数

以下、第1製造部のみ示す。

計算式：

建物減価償却費＝ 63,000 円÷ 100㎡× 50㎡＝ 31,500 円

建物固定資産税＝ 50,000 円÷ 100㎡× 50㎡＝ 25,000 円

機 械 保 険 料＝ 30,000 円÷ 800 万円× 450 万円＝ 16,875 円

福利施設負担額＝ 99,000 円÷ 66 人× 28 人＝ 42,000 円

練習問題

20X2年10月における製造間接費実際発生額の内訳および部門共通費の配賦基準は以下の資料のとおりである。部門費配賦表を作成し、必要な仕訳を行いなさい。

【資料】

(1) 部門個別費

(単位：円)

費　目	合　計	切削部門	組立部門	動力部門	修繕部門	工場事務部門
間接材料費	236,000	120,000	50,000	30,000	36,000	—
間接労務費	284,000	150,000	100,000	22,000	8,000	4,000

(2) 部門共通費

部門共通費配賦基準：

給　料　160,000　建物減価償却費　100,000　建物保険料　80,000

配賦基準	切削部門	組立部門	動力部門	修繕部門	工場事務部門
従業員数	40人	30	7	13	10
占有床面積	700㎡	600	200	200	300

解答欄

部門費配賦表

(単位：円)

	合　計	製造部門		補助部門		
		切削部門	組立部門	動力部門	修繕部門	工場事務部門
部門個別費						
間接材料費	236,000	120,000	50,000	30,000	36,000	—
間接労務費	284,000	150,000	100,000	22,000	8,000	4,000
小　計	520,000	270,000	150,000	52,000	44,000	4,000
部門共通費						
給　料	160,000	64,000	48,000	11,200	20,800	16,000
建物減価償却費	100,000	35,000	30,000	10,000	10,000	15,000
建物保険料	80,000	28,000	24,000	8,000	8,000	12,000
小　計	340,000	127,000	102,000	29,200	38,800	43,000
部門費合計	860,000	397,000	252,000	81,200	82,800	47,000

借　　方		貸　　方	
勘定科目	金　額	勘定科目	金　額
切削部門費	397,000	製造間接費	860,000
組立部門費	252,000		
動力部門費	81,200		
修繕部門費	82,800		
工場事務部門費	47,000		

第 1 部：原価計算

解　答　解　説

部　門　費　配　賦　表

（単位：円）

	合　計	製造部門		補助部門		
		切削部門	組立部門	動力部門	修繕部門	工場事務部門
部 門 個 別 費						
間 接 材 料 費	236,000	120,000	50,000	30,000	36,000	－
間 接 労 務 費	284,000	150,000	100,000	22,000	8,000	4,000
小　　　計	520,000	270,000	150,000	52,000	44,000	4,000
部 門 共 通 費						
給　　　　　料	160,000	64,000	48,000	11,200	20,800	16,000
建物減価償却費	100,000	35,000	30,000	10,000	10,000	15,000
建 物 保 険 料	80,000	28,000	24,000	8,000	8,000	12,000
小　　　計	340,000	127,000	102,000	29,200	38,800	43,000
部 門 費 合 計	860,000	397,000	252,000	81,200	82,800	47,000

配賦基準：給料→「従業員数」、建物減価償却費と建物保険料→「占有床面積」

（切削部門）

給　　　　　料＝ 160,000 円÷ 100 人× 40 人＝ 64,000 円

建物減価償却費＝ 100,000 円÷ 2,000㎡× 700㎡＝ 35,000 円

建 物 保 険 料＝ 80,000 円÷ 2,000㎡× 700㎡＝ 28,000 円

借　　　方		貸　　　方	
勘定科目	金　額	勘定科目	金　額
切 削 部 門 費	397,000	製 造 間 接 費	860,000
組 立 部 門 費	252,000		
動 力 部 門 費	81,200		
修 繕 部 門 費	82,800		
工場事務部門費	47,000		

057

第I部：原価計算

原価の部門別原価計算
——第2次集計

 到達目標 部門別原価計算の第2次集計について学習する。

　補助部門[19]に集計された原価を製造部門に再配賦する手続きを、部門別原価計算の第2次集計という。補助部門は製品の加工や組み立てに直接関わるわけではないので、製品がどれだけ補助部門のサービスを受けたのか把握できない。そのため、補助部門費は製造部門へのサービス提供量で配賦し、製造部門を通じて製品に原価を割り当て、製品に転嫁する。補助部門が製造部門にのみサービスを提供しているのであれば、サービスの提供程度（たとえば、動力部門であれば動力の供給量を基準にして）製造部門に配賦すればよいが、補助部門間でのサービスの授受がある場合、問題が生じる。

部門別原価計算の第2次集計

　部門別原価計算の第2次集計とは、部門別原価計算の第1次集計で集計された補助部門費を、その補助部門が用益を提供した関係部門に配賦することをいう。

　部門別原価計算の第2次集計で補助部門費を製造部門に配賦する目的は、①合理的な製品原価の計算を行うため②原価管理に資するためである。補助部門費を製造部門に配賦する方法としては、補助部門相互間の用役授受を考慮する程度により、以下の方法がある。

---

19. 原価計算基準によると、「補助部門とは、製造部門に対して補助関係にある部門をいい、これを補助経営部門と工場管理部門とに分け、さらに機能の種類別等にしたがって、これを各種の部門に分ける」。

①**直接配賦法**…各補助部門相互間の用役の授受を無視して、各補助部門費をその補助部門から用役を受けた製造部門に対し、直接的にその用役の程度に応じて配賦する方法である。デメリットとしては他の補助部門への用役提供の事実を無視するため、配賦計算の正確性に欠ける。

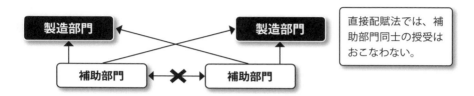

直接配賦法では、補助部門同士の授受はおこなわない。

②簡便法の**相互配賦法**…製造部門に対してのみではなく、補助部門間相互の用役の授受を考慮して、配賦する。全て考慮する方法として、連続配賦法、連立方程式配賦法があるが、簡便法では、第1回目の配賦は相互配賦法で行い、第2回目の配賦以降は直接配賦法によって計算する。

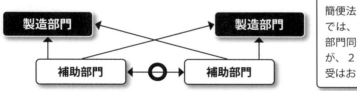

簡便法の相互配賦法では、1回目は補助部門同士も考慮するが、2回目以降の授受はおこなわない。

③**階梯式配賦法**…補助部門相互間の用役授受の程度を比較して、他の補助部門に対し用役提供の程度が高い補助部門から用役を受ける程度の少ない部門へと補助部門費を配賦する方法である。用役提供額の多い補助部門を先順位とするために低い順に補助部門を右から配列する。階梯式配賦法では、配列が問題となる。

④**複数基準配賦法**…製造間接費を発生原因が異なるにも関わらず、補助部門費を単一の基準（変動費と固定費を同一）で配賦すると、正確性に欠けることから、変動費については補助部門のサービスを各部門が実際に消費した割合で配賦し、固定費については、消費する能力の割合で配賦する。配賦基準を2本立にする方法である。

例題16の資料および次の追加資料に基づいて、単一基準配賦法による場合の部門費振替表を（1）直接配賦法、（2）直接配賦法を加味した相互配賦法（簡便法の相互配賦法）によって作成しなさい。割り切れない場合は少数第1位以下を四捨五入すること。

【資料】

補助部門費の配賦基準に関する資料

	第1製造部	第2製造部	動力部	工場事務部
動力供給量	6,000kw-h	4,800kw-h	—	1,200kw-h
従業員数	28人	20人	12人	6人

（1）直接配賦法

部 門 費 振 替 表

費 目	合 計	製造部門		補助部門	
		第1製造部	第2製造部	動力部	工場事務部
部 門 費 合 計					
動 力 部 費					
工 場 事 務 部 費					
合　　計					

（2）直接配賦法を加味した相互配賦法

部 門 費 振 替 表

費 目	合 計	製造部門		補助部門	
		第1製造部	第2製造部	動力部	工場事務部
部 門 費 合 計					
第 1 次 配 賦					
動 力 部 費					
工 場 事 務 部 費					
第 2 次 配 賦					
動 力 部 費					
工 場 事 務 部 費					
合　　計					

(1) 直接配賦法

部 門 費 振 替 表

費　　目	合　計	製造部門 第1製造部	製造部門 第2製造部	補助部門 動力部	補助部門 工場事務部
部 門 費 合 計	1,011,400	495,000	260,000	176,000	80,400
動 力 部 費	176,000	97,778	78,222		
工 場 事 務 部 費	80,400	46,900	33,500		
合　　計	1,011,400	639,678	371,722		

①1行目の補助部門（動力部と工場事務部）の数字を合計欄に記入。

②**動力部費**（配賦基準は動力供給量）

第1製造部＝ 176,000 円÷（6,000+4,800)kw-h × 6,000kw-h
　　　　　＝97,777.77 円→ 97,778 円

第2製造部＝ 176,000 円÷（6,000+4,800)kw-h × 4,800kw-h
　　　　　＝78,222.22 円→ 78,222 円

工場事務部費（配賦基準は従業員数）

第1製造部＝ 80,400 円÷（28+20）人× 28 人 =46,900 円

第2製造部＝ 80,400 円÷（28+20）人× 20 人 =33,500 円

（2）直接配賦法を加味した相互配賦法

部　門　費　振　替　表

費　　目	合　計	製造部門		補助部門	
		第1製造部	第2製造部	動力部	工場事務部
部 門 費 合 計	1,011,400	495,000	260,000	176,000	80,400
第 1 次 配 賦					
動 力 部 費	176,000	88,000	70,400	—	17,600
工 場 事 務 部 費	80,400	37,520	26,800	16,080	—
第 2 次 配 賦				16,080	17,600
動 力 部 費	16,080	8,933	7,147		
工 場 事 務 部 費	17,600	10,267	7,333		
合　　計	1,011,400	639,720	371,680		

動力部門→動力部費（自部門から自部門へ）の**配賦はなし**。

① 1行目の補助部門（動力部と工場事務部）の数字を合計欄に記入。

② 第1次配賦：

動力部費（配賦基準は動力供給量）

第1製造部＝ 176,000 円÷（6,000+4,800+1,200）kw-h × 6,000kw-h

＝ 88,000 円

＊計算上の注意

176,000 円× 6,000 ÷ 12,000 と計算すると割り切れる。

工場事務部費（配賦基準は従業員数）

第1製造部＝ 80,400 円÷（28+20+12）人× 28 人 =37,520 円

③ 第2次配賦：

動力部費（配賦基準は動力供給量）

第1製造部＝ 16,080 円÷（6,000+4,800kw-h）× 6,000kw-h

=8,933.33 円→ 8,933 円

工場事務部費（配賦基準は従業員数）

第1製造部＝ 17,600 円÷（28+20 人）× 28 人 =10,266.66 円→ 10,267 円

第 I 部：原価計算

練 習 問 題

　以下の資料により、①直接配賦法②簡便法としての相互配賦法によって補助部門費の配賦を行い、部門費振替表を作成しなさい。割り切れない場合は、少数第1位を四捨五入すること。

【資料】

(1) 部門費

製造部門		補助部門		
第1製造部	第2製造部	動力部	修繕部	工場事務部
170,000 円	140,000 円	48,000 円	36,000 円	63,000 円

補助部門費の配賦基準に関する資料

部　門	製造部門		補助部門		
配賦基準	第1製造部	第2製造部	動力部	修繕部	工場事務部門
消費電力料	1,000kw-h	600kw-h	—	200kw-h	200kw-h
従業員数	13人	22人	60人	4人	5人
見積修繕額	180 千円	90 千円	30 千円	—	

解答欄

(1) 直接配賦法

部　門　費　振　替　表

費　　目	合　計	製造部門		補助部門		
		第1製造部	第2製造部	動力部	修繕部	工場事務部
部門費合計						
電力部費						
修繕部費						
労務部費						
工場事務部費						
合　計						

(2) 簡便法としての相互配賦法

部 門 費 振 替 表

費　目	合　計	製造部門		補助部門		
		第1製造部	第2製造部	動力部	修繕部	工場事務部
部 門 費 合 計						
第 1 次 配 賦						
電 力 部 費						
修 繕 部 費						
工 場 事 務 部 費						
第 2 次 配 賦						
電 力 部 費						
修 繕 部 費						
工 場 事 務 部 費						
合　　計						

第Ⅰ部：原価計算

解　答　解　説

（1）直接配賦法

部 門 費 振 替 表

費　　目	合　　計	製造部門		補助部門		
		第1製造部	第2製造部	動力部	修繕部	工場事務部
部 門 費 合 計	457,000	170,000	140,000	48,000	36,000	63,000
電 力 部 費	48,000	30,000	18,000			
修 繕 部 費	36,000	24,000	12,000			
工 場 事 務 部 費	63,000	23,400	39,600			
合　　計	457,000	247,400	209,600			

電力部費は「消費電力料」、修繕部費は「見積修繕額」、労務部費と工場事務部費は「従業員数」で配賦する。

（2）簡便法としての相互配賦法

部 門 費 振 替 表

費　　目	合　　計	製造部門		補助部門		
		第1製造部	第2製造部	動力部	修繕部	工場事務部
部 門 費 合 計	457,000	170,000	140,000	48,000	36,000	63,000
第 1 次 配 賦						
電 力 部 費	48,000	24,000	14,400	—	4,800	4,800
修 繕 部 費	36,000	21,600	10,800	3,600	—	—
工 場 事 務 部 費	63,000	18,200	30,800	8,400	5,600	—
第 2 次 配 賦				12,000	10,400	4,800
電 力 部 費	12,000	7,500	4,500			
修 繕 部 費	10,400	6,933	3,467			
工 場 事 務 部 費	4,800	1,783	3,017			
合　　計	457,000	250,016	206,984			

065

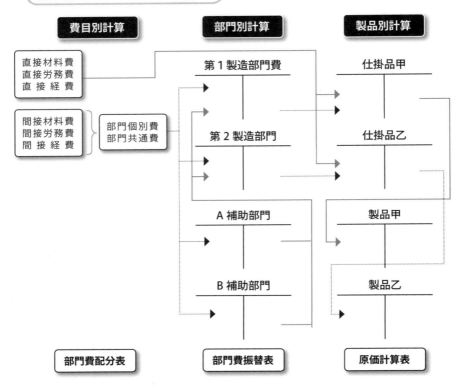

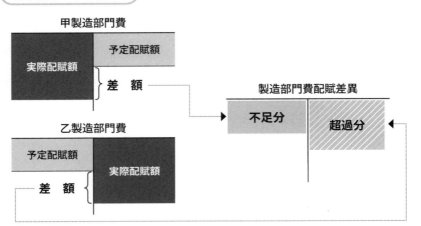

第Ⅰ部：原価計算

個別原価計算

到達目標　個別原価計算について学習する。

1　単純個別原価計算

個別原価計算とは、種類や規格の異なる製品を特定の具体的な注文に応じて、個別的に製造する受注生産に適用される原価計算である。具体的には、造船や家具製作等に適用される。個別原価計算では、各注文ごとに特定製造指図書が作成される。

個別原価計算は、部門別原価計算を経ないで、費目ごとに集計された原価を製品別に割り当てて原価計算を行う方法である。製造指図書に原価を集計することで製品の原価計算を行う。直接材料費は材料の出庫票、直接労務費は作業時間報告書、製造間接費は経費支払票や測定票などからその消費量を製造指図書別に直課する。

例題18

沖縄製作所は、実際個別原価計算を行っている。以下に示した資料に基づき、解答用紙の仕掛品勘定と製品勘定の（　）内に適切な金額を記入しなさい。なお、仕訳と元帳転記は月末にまとめて行っている。

【資料】

1. 製造指図書別着手・完成・引渡記録

製造指図書番号	製造着手日	完成日	引渡日
119	4/21	5/25	6/3
120	5/9	6/4	6/18
121	5/23	6/15	6/20
122	6/5	6/30	7/5
123	6/17	7/3	7/10

2. 5月末時点の原価計算票の要約

(単位：円)

製造指図書番号	直接材料費	直接労務費	製造間接費	合計
119	300,000	900,000	900,000	2,100,000
120	200,000	1,200,000	1,200,000	2,600,000
121	300,000	400,000	200,000	900,000

3. 6月末時点の原価計算票の要約

(単位：円)

製造指図書番号	直接材料費	直接労務費	製造間接費	合計
119	300,000	900,000	900,000	2,100,000
120	450,000	1,500,000	1,500,000	3,450,000
121	400,000	800,000	700,000	1,900,000
122	400,000	1,000,000	1,000,000	2,400,000
123	500,000	200,000	200,000	900,000

解答欄

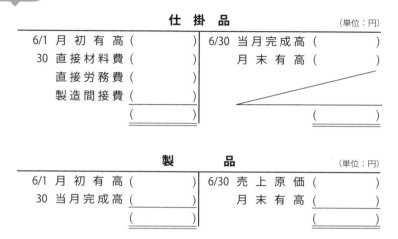

18 解答・解説

「製造指図書別着手・完成・引渡記録」を時系列的に示すと以下のようになる。
6/1～6/30が原価計算期間となる。

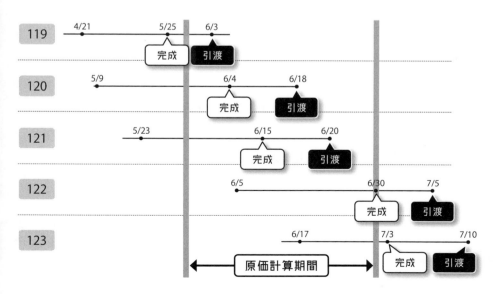

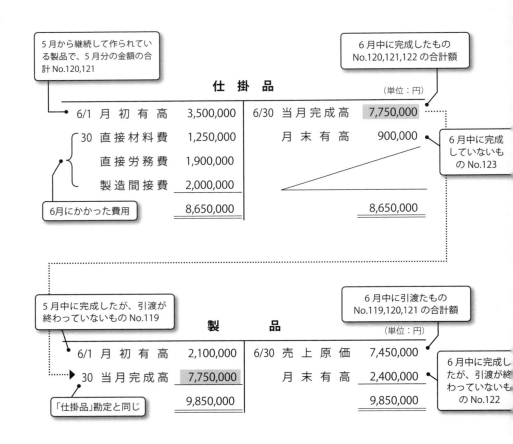

$$直接材料費 = [\text{No.120}]\,(450{,}000\text{円} - 20{,}000\text{円}) + [\text{No.121}]\,(400{,}000\text{円} - 300{,}000\text{円}) + [\text{No.122}]\,400{,}000\text{円} + [\text{No.123}]\,500{,}000\text{円} = 1{,}250{,}000\text{円}$$

$$当月完成高 = [\text{No.120}]\,3{,}450{,}000\text{円} + [\text{No.121}]\,1{,}900{,}000\text{円} + [\text{No.122}]\,2{,}400{,}000\text{円} = 7{,}750{,}000\text{円}$$

$$売上原価 = [\text{No.119}]\,2{,}100{,}000\text{円} + [\text{No.120}]\,3{,}450{,}000\text{円} + [\text{No.121}]\,1{,}900{,}000\text{円} = 7{,}450{,}000\text{円}$$

仕損と作業くず

　加工に失敗して規格や品質上問題があった製品を**仕損品**という。仕損品には、①補修をすれば良品になるもの、②代品を製造しなくてはならないものがある。さらに、①については、補修をする場合に新たに指図書を発行する場合と新たに指図書を発行しなくてもよい場合がある。**仕損費**は、その製品が加工に失敗して仕損品となるまでにかかった原価のことであり、仕損品そのもの、あるいは材料や部品の一部が外部に売却できる場合には、その処分価値を差し引いて計算する。

> 仕損費 ＝ 仕損品に集計された原価 － 仕損品の処分価値

　仕損費は、通常の生産内で発生する正常なものについては、生産上不可避な価値犠牲であるため、良品の製品原価に負担させる。仕損費が異常な状態で発生したものについては、非原価となり、損益計算書上で営業外費用か特別損失として処理することになる。

①補修をすれば良品になるもの

　補修をすれば良品になるものは、**補修指図書**を発行してそこに集計された原価を仕損費として、元の指図書に振り替える。

②代品を製造しなくてはならないもの

　代品を製造しなくてはならないものは、通常、仕損が激しい場合である。その場合、**代品指図書**を発行して元の指図書に集計された原価を代品指図書に仕損費として振り替える。

　加工中に生じる削りくずや半端な切れ残しを**作業くず**という。作業くずは、この処分価値を見積り、製造原価から差し引く。どの製品から作業くずが発

生したかが認識できる場合は、その処分価値を該当する製造指図書から控除し、認識できない場合は、その処分価値を製造間接費から控除する。

例題19

当社では、個別原価計算を行っている。そこで、次に示す資料に基づいて、製造指図書別原価計算表を作成しなさい。

【資料】

（1）直接材料費に関する資料

製造指図書番号	材料消費量	予定消費価格
100	200kg	100 円
101	40kg	75 円
102	160kg	50 円
100-2	40kg	100 円
101-2	120kg	75 円
102-2	40kg	50 円

なお、製造指図書 No.100 について作業くず 20kg が把握され、その評価額は 1 kg あたり 20 円である。

（2）直接労務費に関する資料

製造指図書番号	第1製造部直接作業時間	第2製造部直接作業時間	予定賃率
100	80 時間	40 時間	100 円
101	—	20 時間	100 円
102	120 時間	60 時間	100 円
100-2	40 時間	—	100 円
101-2	—	20 時間	100 円
102-2	—	20 時間	100 円

（3）製造間接費に関する資料

製造間接費の製造指図書別配賦額の計算は、製造部門別直接作業時間を配賦基準とし、次の予定配賦率を用いて行う。

第 1 製造部　@ 150 円　　第 2 製造部　@ 125 円

第 I 部：原価計算

（4）製造指図書に関する資料

　　各指図書の作業は、すべて当月中に開始したものであり、当月中に完成した製造指図書のうち No. 100-2、No. 101-2、No. 102-2 はいずれも仕損の発生に伴うものである。No. 100-2 は仕損の補修のための指図書、No. 101-2 は指示された作業の全部が仕損となったために代品の製作にあてられた指図書、No. 102-2 は指示された作業の一部に仕損が発生したために、代品の製作にあてられた指図書である。仕損の発生はすべて正常なものであり、仕損費は当該製造指図書に直接経費として賦課する。

解答欄

	100	101	102	100-2	101-2	102-2	合　計
直接材料費							
直接労務費							
直 接 経 費							
製造間接費							
第 1 製造部							
第 2 製造部							
小　　　計							
仕　損　費							
製 造 原 価							
備　　　考							

⑲ 解答・解説

	100	101 代品全部	102 代品	100-2 補修	101-2 代品	102-2 代品一部	合計
直接材料費	19,600	3,000	8,000	4,000	9,000	2,000	45,600
直接労務費	12,000	2,000	18,000	4,000	2,000	2,000	40,000
直接経費	14,000		6,500		7,500		28,000
製造間接費							
第1製造部	12,000	—	18,000	6,000	—	—	36,000
第2製造部	5,000	2,500	7,500	—	2,500	2,500	20,000
小　計	62,600	7,500	58,000	14,000	21,000	6,500	169,600
仕　損　費		△ 7,500		△ 14,000		△ 6,500	
製　造　原　価	62,600	0	58,000	0	21,000	0	
備　考	完成	仕損費としてNo.101-2へ	完成	仕損費としてNo.100へ	完成	仕損費としてNo.102へ	

○以下［100］［101］［102］［100-2］［101-2］［102-2］は同じやり方で求める。

（1）直接材料費に関する資料より

　　　［100］＝ 200kg × 100 円－（20kg × 20 円）＝ 19,600 円

（2）直接労務費に関する資料より

　　　［100］＝（80 時間＋ 40 時間）× 100 円＝ 12,000 円

（3）製造間接費に関する資料より

　　　第 1 製造部［100］＝＠ 150 × 80 時間＝ 12,000 円

　　　第 2 製造部［100］＝＠ 125 × 40 時間＝ 5,000 円

（4）製造指図書に関する資料より

　　　［100］は一部補修のため、補修指示書［100-2］を作成し、そこで集計された 14,000 円は、［100］の直接経費への記入となる。

　　　［101］全部仕損のため、仕損費△ 7,500 円を代品指図書［101-2］の直接経費に 7,500 円を記入する。その結果［101］の製造原価は 0 となる。

　　　［102］は、一部仕損のため、補修指示書［102-2］を作成し、そこで集計された 6,500 円は［102］の直接経費への記入となる。備考欄には、完成したのか等を記載する。

第 I 部：原価計算

練 習 🎓 問 題

宮田工場では、実際原価計算を行っている。以下の資料にもとづき、解答用紙の仕掛品勘定および製品勘定の（　　　）内に適切な金額を記入しなさい。

【資料】

1．各製造指図書に関するデータ

製造指図書番号	#2000	#3000		#4000		#5000	#6000
製造着手日	9/20	10/5		10/11		11/2	11/5
完 成 日	10/25	11/15		11/17		11/29	12/13
引 渡 日	11/4	11/28		11/29		12/10	12/27
製造原価：		（前月）	（当月）	（前月）	（当月）		
直接材料費	200,000 円	250,000	330,000	50,000	70,000	320,000	770,000
直接労務費	500,000 円	200,000	400,000	100,000	100,000	200,000	500,000
直接作業時間	48 時間	30	40	20	20	70	50

＊製造間接費は直接作業時間 1 時間あたり 3,000 円の配賦率で各指図書に予定配賦している。

解答欄

仕 掛 品
（単位：円）

11/1	月 初 有 高	（　　　）	11/30 当月完成高	（　　　）
30	直 接 材 料 費	（　　　）	月 末 有 高	（　　　）
	直 接 労 務 費	（　　　）		
	製 造 間 接 費	（　　　）		
		（　　　）		（　　　）

製 品
（単位：円）

11/1	月 初 有 高	（　　　）	11/30 売 上 原 価	（　　　）
30	当 月 完 成 高	（　　　）	月 末 有 高	（　　　）
		（　　　）		（　　　）

075

解 答 解 説

仕 掛 品

(単位：円)

11/1	月 初 有 高	750,000	11/30	当 月 完 成 高	2,560,000
30	直 接 材 料 費	1,490,000		月 末 有 高	1,420,000
	直 接 労 務 費	1,200,000			
	製 造 間 接 費	540,000			
		3,980,000			3,980,000

製 品

(単位：円)

11/1	月 初 有 高	844,000	11/30	売 上 原 価	2,674,000
30	当 月 完 成 高	2,560,000		月 末 有 高	730,000
		3,404,000			3,404,000

○製造間接費の計算

#2000 @ 3,000 円× 48 時間= 144,000 円

#3000 （前月）@ 3,000 円× 30 時間= 90,000 円
（当月）@ 3,000 円× 40 時間= 120,000 円

#4000 （前月）@ 3,000 円× 20 時間= 60,000 円
（当月）@ 3,000 円× 20 時間= 60,000 円

#5000 @ 3,000 円× 70 時間= 210,000 円

#6000 @ 3,000 円× 50 時間= 150,000 円

[仕掛品]

月初有高 ＝（#3,000 前月）250,000 円＋200,000 円＋90,000 円
＋（#4,000 前月）50,000 円＋100,000 円＋60,000 円＝750,000 円

直接材料費（当月のみ）＝ 330,000 円＋70,000 円＋320,000 円＋770,000 円
＝ 1,490,000 円

直接労務費（当月のみ）＝ 400,000 円＋100,000 円＋200,000 円＋500,000 円
＝ 1,200,000 円

製造間接費（当月のみ）＝ 120,000 円＋60,000 円＋210,000 円＋150,000 円
＝ 540,000 円

当月完成高（#3,000、#4,000、#5,000）＝ 2,560,000 円

[製 品]

月初有高（#2,000）＝ 844,000 円

売上原価（#2,000、#3,000、#4,000）＝ 2,674,000 円

月末有高（#5,000）＝ 730,000 円

3 部門別個別原価計算

部門別個別原価計算とは、部門ごとに正常配賦率を定めて指図書別に配賦する方法である。

例題20

石川製作所では、直接作業時間を配賦基準として、製造間接費について部門別配賦率を用いて製品へ予定配賦している。下記の資料から、以下の金額を計算しなさい。ただし、補助部門費の配賦は直接配賦法によっている。

　　製造部門…第1製造部、第2製造部
　　補助部門…動力部、工場事務部
（1）第1製造部が負担する部門共通費年間予算配賦額
（2）補助部門費配賦後の第1製造部門費年間予算配賦額
（3）第1製造部の製造間接費予定配賦率
（4）部門費共通費配賦後の工場事務部門費
（5）製造指図書No.305に対する製造間接費部門別予定配賦額

【資料】

(a) 当工場の予定直接作業時間（年間）：

　　第1製造部　20,000時間　　第2製造部　25,000時間

(b) 当工場の製造間接費予算（年間）：

（単位：円）

	合　計	第1製造部	第2製造部	動力部	工場事務部
部門個別費	6,200	1,500	3,500	500	700

［部門共通費］

　　工場建物減価償却費　5,400万円

　　福利施設負担額　1,800万円

(c) 部門共通費の配賦基準

	配賦基準	合　　計	第　1 製造部	第　2 製造部	動力部	工　場 事務部
工場建物 減価償却費	占有面積	13,500㎡	4,200㎡	4,800㎡	3,000㎡	1,500㎡
福利施設 負担額	従業員数	90人	20人	48人	12人	10人

(d) 補助部門費の配賦資料

	配賦基準	合　　計	第　1 製造部	第　2 製造部	動力部	工　場 事務部
動　力　部　費	機械時間	4,080時間	2,800時間	1,080時間	200時間	―
工　場　事 務　部　費	従業員数	70人	20人	30人	10人	10人

(e) 製造指図書 No.305 の完成に要した直接作業時間：

第1製造部　200時間　第2製造部　500時間

解答欄

(1)		万円
(2)		万円
(3)		円／時間
(4)		万円
(5)		万円

解答・解説

解答するにあたっては、部門費集計表を作成するとよい。

部 門 費 集 計 表

(単位：万円)

費 目	合 計	製造部門		補助部門	
		第1製造部	第2製造部	動力部	工場事務部
部門個別費	6,200	1,500	3,500	500	700
部門共通費					
工場建物減価償却費	5,400	① 1,680	1,920	1,200	600
福利施設負担額	1,800	② 400	960	240	200
合 計		③ 3,580	⑦ 6,380	1,940	⑥ 1,500
動 力 部 費	1,940	④ 1,400	⑧ 540		
工場事務部費	1,500	⑤ 600	⑨ 900		

以下、第1製造部のみ計算を示す。

[部門共通費]

工場建物減価償却費＝ 5,400 万円 /13,500㎡× 4,200㎡＝ 1,680 万円（①）

福利施設負担額＝ 1,800 万円 /90 人× 20 人＝ 400 万円（②）

[補助部門費の配賦（直接配賦法）]

動力部費＝ 1,940 万円 /(2,800 ＋ 1,080) 時間× 2,800 時間 ＝ 1,400 万円（④）

工場事務部費＝ 1,500 万円 /（20 ＋ 30）人× 20 人 ＝ 600 万円（⑤）

（1）①＋②＝ 1,680 ＋ 400 ＝ **2,080 万円**

（2）③＋④＋⑤＝ 3,580 ＋ 1,400 ＋ 600 ＝ **5,580 万円**

（3）（2）より 5,580 万円÷ 20,000 時間（資料（a）の第1製造部）
　　＝ 0.279 万円→ **2,790 円 / 時間**

（4）700 ＋ 600 ＋ 200 ＝ **1,500 万円**（⑥）

（5）⑦＋⑧＋⑨＝ 6,380 ＋ 540 ＋ 900 ＝ 7,820 万円

　　7,820 万円÷ 25,000 時間（資料（a）の第2製造部）＝ 0.3128 万円

　　第1製造部：0.279 万円× 200 時間（資料（e）の第1製造部）
　　　　　　　＝ 55.8 万円

　　第2製造部：0.3128 万円× 500 時間（資料（e）の第2製造部）
　　　　　　　＝ 156.4 万円

　　55.8 万円＋ 156.4 万円＝ **212.2 万円**

第9回 単純総合原価計算(1)

第Ⅰ部：原価計算

 到達目標 大量生産に適用される総合原価計算の基礎について学習する。特に、単純総合原価計算について学習する。

1 総合原価計算

総合原価計算とは、同一または同種の製品を大量生産する場合に適用される原価計算の方法である。自動車製造業や化学工業などの業種で使用される。総合原価計算には、以下の種類がある。

①**単純総合原価計算**……同種製品を単一の製造工程で単一の製品を反復連続的に製造する計算方法。
②**工程別総合原価計算**……複数の工程を経て工程ごとにその工程の製品を製造する計算方法。
③**組別総合原価計算**……同じ工程から異種製品を連続生産する場合の計算方法。
④**等級別総合原価計算**……同一工程で同種製品を生産するが、製品の形状、大きさ、品位などによって等級に区別される計算方法。

総合原価計算では、まず原価計算期間（1ヶ月）の当月に投入された製造費用を当月の完成品数量で割ることにより、製品の単位原価を計算する。しかし、原価計算期間を1ヶ月で区切るため、月初に前月から繰り越された仕掛品（月初仕掛品）があった場合と、月末にまだ完成していない仕掛品（月末仕掛品）があった場合を考えなくてはならない。月初仕掛品原価については、前月末に把握されており、当月製造費用は費目別計算で把握されている。

第1部：原価計算

したがって、問題は月末仕掛品ということになる。

月末仕掛品原価の計算には何らかの配分計算、つまり、仕掛品の数量を完成品であればいくつになるかという**完成品換算計算**が必要となる。これには通常、その仕掛品の加工がどの程度進んでいるのか、仕上がりがどの程度進んでいるのかという**加工進捗度**が用いられる。たとえば、完成品と比較してちょうど半分しか加工が進んでいない（加工進捗度50%）の仕掛品1単位は、1単位（完成品）×50%（加工進捗度）＝0.5単位というように考える。つまり、**完成品換算量**は、製品数量×加工進捗度で求められ、月末仕掛品全体が完成品の何個分であるかを表すことができる。

総合原価計算では、直接材料費と加工費とでは、原価の発生の仕方が異なるため、投入する原価要素（材料費と加工費）に区分して考える。材料費は、工程の始点ですべて投入され、追加的な材料投入がない場合は、製品の数量を基礎として行われる（数量基準）ので、完成品換算計算は必要とはならない。一方で、加工費（直接労務費、直接経費、製造間接費）は加工の進捗度に応じて徐々に工程に投入される（換算量基準）ので、完成品換算計算が必要となる。

② 原価配分方法

月初仕掛品と月末仕掛品がある場合の総合原価計算の原価配分方法としては、以下がある。

月末仕掛品原価の計算方法

①**平均法**…月初仕掛品原価と当月に投入された原価とが平均されたと仮定して計算する方法である。平均法は、計算が簡単であるため、実務では広く用いられ、財務諸表作成目的に適している。しかし、原価財の価格や作業能率の変化が、前月分と当月分で平均化されるため、当月の作業能率等が完成品単位原価に把握されず、原価管理には適していない。

$$月末仕掛品原価 \atop （直接材料費）= \frac{月初仕掛品原価 ＋ 当月製造費用}{月初仕掛品数量 ＋ 当月製造数量} × 月末仕掛品数量$$

月末仕掛品原価（加工費）

$$= \frac{月初仕掛品原価 ＋ 当月製造費用}{月初仕掛品完成品換算量 ＋ 完成品数量＋月末仕掛品完成品換算量 － 月初仕掛品完成品換算量}$$

$$× 月末仕掛品完成品換算量$$

②**先入先出法**…月初仕掛品を先に加工し、それが完成したのちに、当月投入分を着手し完成させていくと仮定して計算する方法である。現実的なモノの流れにそった計算方法である。価格が上昇している時に先入先出法を適用すると、安く仕入れたものが高く、月末仕掛品は当月製造費用だけで計算されることになる。平均法と比べれば、月末仕掛品原価が当月の業績を表すことができるため、貸借対照表の棚卸資産には適正な評価額を示すことができる。

$$月末仕掛品原価（直接材料費）= \frac{当月製造費用}{当月製造数量} × 月末仕掛品数量$$

月末仕掛品原価（加工費）

$$= \frac{当月製造費用}{完成品数量＋月末仕掛品完成品換算量 － 月初仕掛品完成品換算量}$$

$$× 月末仕掛品完成品換算量$$

③**後入先出法**…当月投入分を先に加工し、それが完成したのちに、月初仕掛品を着手し完成させていくと仮定して計算する方法である。最も新しい購入価格が反映されるため、損益に対する価格変動の影響が少ない。

例題21

以下の資料にしたがって、当月完成品総合原価、月末仕掛品原価および完成品単位原価を計算しなさい。月末仕掛品の評価は①平均法②先入先出法により計算しなさい。完成品単位原価は小数第1位を四捨五入すること。

【資料】

	数　量	直接材料費	加工費
月初仕掛品	500個（30%）	¥140,000	32,220
当月着手	1,500個	450,000	402,500
小　　計	2,000個	590,000	434,720
月末仕掛品	400個（40%）		
（差引）完成品	1,600個		

解答欄

【平均法】

完成品総合原価	
月末仕掛品原価	
完成品単位原価	

【先入先出法】

完成品総合原価	
月末仕掛品原価	
完成品単位原価	

21 解答・解説

【平均法】

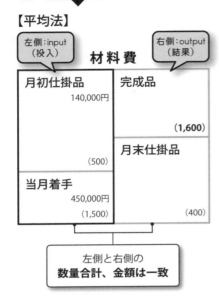
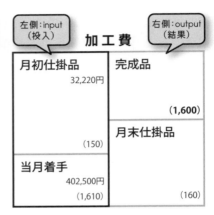

完成品の数は必ず材料費と同じ。
加工費の数量は、**加工進捗度**を考慮する。
先に、月初仕掛品と月末仕掛品を出し、**当月着手分は差額**（左側の合計と右側の合計は一致）で出す。

完成品換算量の計算：

（月初仕掛品）＝ 500個 × 30％ ＝ 150個

（月末仕掛品）＝ 400個 × 40％ ＝ 160個

（当月着手）＝ 1,600個 ＋ 160個 － 150個 ＝ 1,610個

完成品総合原価（材）：$\dfrac{140,000円 + 450,000円}{500個 + 1,500個} \times 1,600個 = 472,000円$

完成品総合原価（加）：$\dfrac{32,220円 + 402,500円}{150個 + 1,610個} \times 1,600個 = 395,200円$

月末仕掛品原価（材）：$\dfrac{140,000円 + 450,000円}{500個 + 1,500個} \times 400個 = 118,000円$

月末仕掛品原価（加）：$\dfrac{32,220円 + 402,500円}{150個 + 1,610個} \times 160個 = 39,520円$

完成品総合原価 ＝ 472,000円 ＋ 395,200円 ＝ 867,200円

月末仕掛品原価 ＝ 118,000円 ＋ 39,520円 ＝ 157,520円

完成品単位原価 ＝ 867,000円 ÷ 1,600個 ＝ 541.87円 → 542円

完成品総合原価	867,200 円
月末仕掛品原価	157,520 円
完成品単位原価	542 円

【先入先出法】

> 先入先出法では、当月着手分が月末仕掛品の単価となる。
> 完成品総合原価は**差額**で求める。

月末仕掛品原価（材料費）
＝ 450,000 円 ÷ 1,500 個 × 400 個 ＝ 120,000 円
完成品総合原価（材料費）
＝ 140,000 円 ＋ 450,000 円 − 120,000 円 ＝ 470,000 円

月末仕掛品原価（加工費）
＝ 402,500 円 ÷ 1,6100 個 × 160 個 ＝ 40,000 円
完成品総合原価（加工費）
＝ 32,220 円 ＋ 402,500 円 − 40,000 円 ＝ 394,720 円

完成品総合原価 ＝ 470,000 円 ＋ 394,720 円 ＝ 864,720 円
月末仕掛品原価 ＝ 120,000 円 ＋ 40,000 円 ＝ 160,000 円
完成品単位原価 ＝ 864,720 円 ÷ 1,600 個 ＝ 540.045 円 → 540 円

完成品総合原価	864,720 円
月末仕掛品原価	160,000 円
完成品単位原価	540 円

練習 問題 1

次の資料に基づき、①平均法と②先入先出法により月末仕掛品原価、完成品総合原価および完成品単位原価を計算しなさい。完成品単位原価は小数第1位を四捨五入すること。

【資料】

1. 当月の生産データ

月初仕掛品	50 個 ($\frac{1}{2}$)
当月投入	260 個
合　　計	310 個
完成品	250 個
月末仕掛品	60 個 ($\frac{1}{3}$)

＊材料は工程の始点で投入される。また、仕掛品の（　）内の数値は加工進捗度を示す。

2. 原価データ

月初仕掛品原価

直接材料費	29,700 円
加工費	27,600 円

当月製造費用

直接材料費	162,500 円
加工費	257,250 円

解答欄

	①平均法	②先入先出法
完成品総合原価	円	円
月末仕掛品原価	円	円
完成品単位原価	円	円

解答

	①平均法	②先入先出法
完成品総合原価	418,750 円	418,550 円
月末仕掛品原価	58,300 円	58,500 円
完成品単位原価	1,675 円	1,674.2 円

第 I 部：原価計算

練 習 問 題 2

次の資料に基づき、①平均法と②先入先出法により月末仕掛品原価、完成品総合原価および完成品単位原価を計算しなさい。

【資料】

1．当月の生産データ

月 初 仕 掛 品	250 個	(0.5)
当 月 投 入	2,250 個	
合 計	2,500 個	
完 成 品	2,000 個	
月 末 仕 掛 品	500 個	(0.5)

＊材料は工程の始点で投入される。また、仕掛品の（　）内の数値は加工進捗度を示す。

2．原価データ

月初仕掛品原価	
直 接 材 料 費	44,000 円
加 工 費	59,500 円
当 月 製 造 費 用	
直 接 材 料 費	306,000 円
加 工 費	705,500 円

解答欄

	①平均法	②先入先出法
完成品総合原価	円	円
月末仕掛品原価	円	円
完成品単位原価	円	円

解 答

	①平均法	②先入先出法
完成品総合原価	960,000 円	964,000 円
月末仕掛品原価	155,000 円	151,000 円
完成品単位原価	480 円	482 円

087

第10回 単純総合原価計算(2)

到達目標 仕損・減損の意義について学習し、その処理方法について学習する。

1 総合原価計算における仕損・減損

　前回までは、投入した材料がすべて良品となるという前提で原価計算を行った。しかし、実際には加工が失敗したり、工程中に材料が減少したりということが生じる。これらの原価処理の方法としては、良品の原価とは明確に分離して処理する**非度外視法**と、それがなかったこととして計算する**度外視法**とがある。本書では、度外視法について学習する。

仕損・減損

　仕　損 … 品質標準や規格標準に合致しない不合格品のことをいい、この不合格品を**仕損品**といい、その費用を**仕損費**という。

　減　損 … 投入した原材料のうち、製品の加工中に蒸発、粉散、ガス化、煙化などによって目減りした減少分のことを指し、減損に要した費用を**減損費**という。減損は無価値である。

　原価管理上は、この仕損費や減損費の会計処理は基本的に同じであり、これらの原価を良品に負担させる。

第Ⅰ部：原価計算

正常発生額・異常発生額

　仕損や減損は、その発生額が正常か異常かによって、原価計算上の処理が異なる。

正常発生額… 製品を製造する際に、その発生が避けられないと考えられるものは、**正常仕損・正常減損**と呼ばれ、それは、良品を製造するための必要な原価であるから、良品に負担させなければならない。

異常発生額… 通常の程度を超えて発生する仕損や減損は、**異常仕損・異常減損**と呼ばれ、それは、良品を製造するために必要な原価とは考えられないから、製品原価性は認められず**非原価**として処理し、営業外費用として扱う。天災などの異常な場合には、特別損失として扱う。

正常仕損費、正常減損費の処理方法（度外視の方法）

　正常仕損費は、製品原価性があるため、良品に負担すべきであるが、良品には月末仕掛品と完成品があるので、どちらに負担させるべきかは、月末仕掛品の進捗度と正常仕損の進捗度との関係で決める。これは正常仕損がある一定点で発生する場合、そこで発生した正常仕損費は、その点をすでに通過した製品に負担すべきであり、その点をまだ通過していないものには負担させるべきではないという考えによるものである。

> **①完成品のみに負担させる（完成品原価に含めて処理する）。**
> **②完成品と月末仕掛品の両者に負担させる。**

089

なお、正常減損が工程を通じて平均的に発生する場合には、完成品と月末仕掛品の両者に負担させる。その際には正常減損の進捗度は一般的に50％として計算する。しかし、先入先出法で計算する場合には、月初仕掛品から減損は発生しないものと仮定して計算する。

2 完成品のみ負担の場合－平均法

$$月末仕掛品直接材料費 = \frac{月初仕掛品直接材料費＋当月直接材料費}{月初仕掛品数量＋当月投入量} \times 月末仕掛品数量$$

$$月末仕掛品加工費 = \frac{月初仕掛品加工費＋当月加工費}{月初仕掛品完成品換算量＋当月投入量^{※}} \times 月末仕掛品完成品換算量$$

（＊）加工費の場合は、当月完成品量＋月末仕掛品完成品換算量－月初仕掛品完成品換算量で求める。

例題22

次の資料に基づき、平均法により月末仕掛品原価、完成品総合原価および完成品単位原価を計算しなさい。また、仕掛品勘定を完成させなさい。

【資料】

1. 当月の生産データ

　月初仕掛品　　200個（$\frac{1}{2}$）
　当月投入　　　600個
　合計　　　　　800個
　完成品　　　　500個
　月末仕掛品　　200個（$\frac{1}{4}$）
　正常減損　　　100個

＊材料は工程の始点で投入される。また、仕掛品の（　）内の数値は加工進捗度を示し、正常減損は工程の終点で発生した。

2. 原価データ

　月初仕掛品原価
　　直接材料費　　88,000円
　　加工費　　　　54,500円
　当月製造費用
　　直接材料費　　240,000円
　　加工費　　　　335,500円

解答欄

完成品総合原価	
月末仕掛品原価	
完成品単位原価	

仕 掛 品　（単位：円）

前月繰越（　142,500）	（製　品）（　606,000）
材　料（　240,000）	次月繰越（　112,000）
加工費（　335,500）	
（　718,000）	（　718,000）

22 解答・解説

正常仕損・正常減損の負担はどの製品が負担するか？

この問題は、正常減損が工程の終点で発生している。終点とは、完成品のことであるから、正常減損にかかった費用は、**完成品が負担**する。

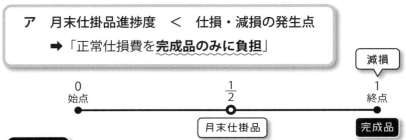

計算方法

完成品のみ負担の場合は、先に月末仕掛品から求め、完成品原価は差額で求める。

材料費

月初仕掛品 88,000円 (200)	完成品 (500)
当月投入 240,000円 (600)	正常減損 (100)
	月末仕掛品 (200)

加工費

月初仕掛品 54,500円 (100)	完成品 (500)
当月投入 335,500円 (550)	正常減損 (100)
	月末仕掛品 (50)

加工費は加工進捗度を掛けて計算するため、この場合も 100 × 1 = 100

[材料費]
月末仕掛品：
$$\frac{88,000 円 + 240,000 円}{200 個 + 600 個} \times 200 個（月末仕掛品）$$
= 82,000 円

完成品（差額で）
88,000 円 + 240,000 円 − 82,000 円
= 246,000 円

[加工費]
月末仕掛品：
$$\frac{54,500 円 + 335,500 円}{100 個 + 550 個} \times 50 個（月末仕掛品）$$
= 30,000 円

完成品（差額で）
54,500 円 + 335,500 円 − 30,000 円
= 360,000 円

完成品総合原価	606,000 円
月末仕掛品原価	112,000 円
完成品単位原価	1,212 円

第 I 部：原価計算

練 習 問 題

次の資料に基づき、平均法により月末仕掛品原価、完成品総合原価および完成品単位原価を計算しなさい。

【資料】

1．当月の生産データ

月 初 仕 掛 品	100 個 $(\frac{1}{2})$	
当 月 投 入	700 個	
合 計	800 個	
完 成 品	500 個	
月 末 仕 掛 品	200 個 $(\frac{1}{4})$	
正 常 減 損	100 個	

＊材料は工程の始点で投入される。また、仕掛品の（　）内の数値は加工進捗度を示し、正常減損は工程の終点で発生した。

2．原価データ

月初仕掛品原価	
直 接 材 料 費	44,000 円
加 工 費	32,500 円
当 月 製 造 費 用	
直 接 材 料 費	294,000 円
加 工 費	325,000 円

完成品総合原価	
月末仕掛品原価	
完成品単位原価	

解 答

完成品総合原価	583,500 円
月末仕掛品原価	112,000 円
完成品単位原価	1,167 円

③ 完成品のみ負担の場合──先入先出法

$$月末仕掛品直接材料費 = \frac{当月直接材料費}{当月投入量} \times 月末仕掛品数量$$

$$月末仕掛品加工費 = \frac{当月加工費}{当月投入量^{※}} \times 月末仕掛品完成品換算量$$

※加工費の場合は、当月完成品量＋月末仕掛品完成品換算量－月初仕掛品完成品換算量
で求める。

例題23

次の資料に基づき、先入先出法により月末仕掛品原価、完成品総合原価および完成品単位原価を計算しなさい。完成品単位原価は小数第1位を四捨五入すること。

【資料】
1．当月の生産データ

月初仕掛品	600個（$\frac{1}{2}$）
当月投入	3,600個
合　　計	4,200個
完 成 品	3,600個
月末仕掛品	400個（$\frac{1}{2}$）
正常減損	200個

＊材料は工程の始点で投入される。また、仕掛品の（　）内の数値は加工進捗度を示し、正常減損は工程の終点で発生した。

2．原価データ

月初仕掛品原価
　直接材料費　　16,800円
　加　工　費　　18,900円
当月製造費用
　直接材料費　　108,000円
　加　工　費　　214,600円

解答欄

完成品総合原価	
月末仕掛品原価	
完成品単位原価	

仕 掛 品　　　　　　　　　　　（単位：円）

前 月 繰 越 （	35,700）	製　　　品（	334,700）
材　　　料（	108,000）	次 月 繰 越（	23,600）
加 　工　 費（	214,600）		
（	358,300）	（	358,300）

23 解答・解説

[材料費]
月末仕掛品：（当月投入分）
$\dfrac{108,000 \text{円}}{3,600 \text{個}} \times 400 \text{個} = 12,000 \text{円}$

完成品（差額で）
16,800 円 ＋ 108,000 円 － 12,000
＝ 112,800 円

[加工費]
月末仕掛品：
$\dfrac{214,600 \text{円}}{3,700 \text{個}} \times 200 \text{個} = 11,600 \text{円}$

完成品（差額で）
18,900 円 ＋ 214,600 円 － 11,600 円
＝ 221,900 円

完成品総合原価	334,700 円
月末仕掛品原価	23,600 円
完成品単位原価	93 円

練習問題

　次の資料に基づき、先入先出法により月末仕掛品原価、完成品総合原価および完成品単位原価を計算しなさい。完成品単位原価は小数第1位を四捨五入すること。

【資料】

1. 当月の生産データ

月 初 仕 掛 品	100個	($\frac{1}{2}$)
当 月 投 入	2,000個	
合 計	2,100個	
完 成 品	1,800個	
月 末 仕 掛 品	200個	($\frac{1}{2}$)
正 常 減 損	100個	($\frac{3}{4}$)

＊材料は工程の始点で投入される。また、仕掛品の（　）内の数値は加工進捗度を示している。

2. 原価データ

月初仕掛品原価	
直 接 材 料 費	32,000 円
加 工 費	26,250 円
当 月 製 造 費 用	
直 接 材 料 費	360,000 円
加 工 費	962,500 円

完成品総合原価	
月末仕掛品原価	
完成品単位原価	

解答

完成品総合原価	1,294,750 円
月末仕掛品原価	86,000 円
完成品単位原価	719 円

第Ⅰ部：原価計算

総合原価計算 ―仕損と減損

 到達目標 仕損・減損の処理方法のうち完成品と月末仕掛品の両者負担する場合について学習する。

1 完成品と月末仕掛品の両者負担の場合―平均法

　仕損の発生点が月末仕掛品の進捗度よりも前に発生している場合には、仕損・減損に要した原価は、完成品だけでなく月末仕掛品も負担する。

月末仕掛品直接材料費 $= \dfrac{\text{月初仕掛品直接材料費}＋\text{当月直接材料費}}{\text{月初仕掛品数量}＋\text{当月投入量}－\text{正常減損数量}}$

　　　　　　　　　　　× 月末仕掛品数量

月末仕掛品加工費 $= \dfrac{\text{月初仕掛品加工費}＋\text{当月加工費}}{\text{月初仕掛品完成品換算量}＋\text{当月投入量}^{※}－\text{正常減損換算量}}$

　　　　　　　　　× 月末仕掛品完成品換算量

※ 当月投入量は、当月完成品量＋月末仕掛品完成品換算量－月初仕掛品完成品換算量で求める。

次の資料に基づき、平均法により月末仕掛品原価、完成品総合原価および完成品単位原価を計算しなさい。

【資料】
1．当月の生産データ

月初仕掛品	200個	($\frac{1}{2}$)
当月投入	550個	
合計	750個	
完成品	400個	
月末仕掛品	200個	($\frac{3}{4}$)
正常減損	150個	

＊材料は工程の始点で投入される。また、仕掛品の（ ）内の数値は加工進捗度を示し、正常減損は工程の始点で発生した。

2．原価データ

月初仕掛品原価
　直接材料費　　131,000円
　加工費　　　　 99,000円
当月製造費用
　直接材料費　　319,000円
　加工費　　　　396,000円

解答欄

完成品総合原価	
月末仕掛品原価	
完成品単位原価	

24 解答・解説

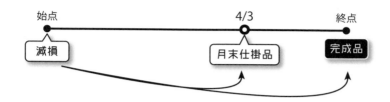

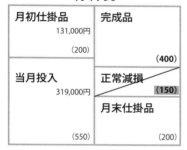

[材料費]
月末仕掛品：
$$\frac{131,000 円 + 319,000 円}{200 + 550 - 150} \times 200$$
$= 150,000 円$
完成品（差額で）
$131,000 + 319,000 - 150,000$
$= 300,000 円$

[加工費]
月末仕掛品：
$$\frac{99,000 円 + 396,000 円}{100 + 450} \times 150$$
$= 135,000 円$
完成品（差額で）
$99,000 + 396,000 - 135,000$
$= 360,000 円$

> 加工費は加工進捗度を掛けて計算するため、この場合も $150 \times 0 = 0$

完成品総合原価＝（材）300,000 円＋（加）360,000 円＝ 660,000 円
月末仕掛品原価＝（材）150,000 円＋（加）135,000 円＝ 285,000 円
完成品単位原価＝ 660,000 円÷ 400 個＝ 1,650 円

完成品総合原価	660,000 円
月末仕掛品原価	285,000 円
完成品単位原価	1,650 円

| 練 | 習 | 🎓 | 問 | 題 |

次の資料に基づき、平均法により月末仕掛品原価、完成品総合原価および完成品単位原価を計算しなさい。

【資料】

1. 当月の生産データ

月 初 仕 掛 品	500 個（$\frac{1}{2}$）
当 月 投 入	2,000 個
合　　　　計	2,500 個
完 成 品	1,800 個
月 末 仕 掛 品	600 個（$\frac{4}{5}$）
正 常 仕 損	100 個（$\frac{2}{5}$）

＊材料は工程の始点で投入される。また、仕掛品の（　）内の数値は加工進捗度を示す。

2. 原価データ

月初仕掛品原価

直 接 材 料 費	12,000 円
加 工 費	38,000 円

当月製造費用

直 接 材 料 費	45,000 円
加 工 費	109,200 円

完成品総合原価	
月末仕掛品原価	
完成品単位原価	

解　答　🎓

完成品総合原価	198,000 円
月末仕掛品原価	6,200 円
完成品単位原価	110 円

2 完成品と月末仕掛品の両者負担の場合──先入先出法

$$月末仕掛品直接材料費 = \frac{当月直接材料費}{当月投入量 - 正常減損数量} \times 月末仕掛品数量$$

$$月末仕掛品加工費 = \frac{当月加工費}{当月投入量 - 正常減損換算量} \times 月末仕掛品完成品換算量$$

例題25

次の資料に基づき、先入先出法により月末仕掛品原価、完成品総合原価および完成品単位原価を計算しなさい。

【資料】

1. 当月の生産データ

月初仕掛品	200個	($\frac{1}{2}$)
当月投入	550個	
合　　計	750個	
完　成　品	400個	
月末仕掛品	200個	($\frac{3}{4}$)
正常減損	150個	

＊材料は工程の始点で投入される。また、仕掛品の（　）内の数値は加工進捗度を示し、正常減損は工程の始点で発生した。

2. 原価データ

月初仕掛品原価
　直接材料費　　131,000円
　加　工　費　　 99,000円
当月製造費用
　直接材料費　　319,000円
　加　工　費　　396,000円

解答欄

完成品総合原価	
月末仕掛品原価	
完成品単位原価	

25 解答・解説

材料費　　　　　　　　　　　　　　**加工費**

[材料費]
月末仕掛品：（当月投入分）

$$\frac{319,000 \text{円}}{550 \text{個} - 150 \text{個}} \times 200 \text{個} = 159,500 \text{円}$$

完成品（差額で）
131,000 円 + 319,000 円 − 159,500 円
= 290,500 円

[加工費]
月末仕掛品：

$$\frac{396,000 \text{円}}{450 \text{個}} \times 150 \text{個} = 132,000 \text{円}$$

完成品（差額で）
99,000 円 + 396,000 円 − 132,000 円
= 363,000 円

> 加工費は加工進捗度を掛けて計算するため、この場合も 150 × 0 = 0

完成品総合原価 ＝（材）290,500 円 ＋（加）363,000 円 ＝ 653,500 円
月末仕掛品原価 ＝（材）159,500 円 ＋（加）132,000 円 ＝ 291,500 円
完成品単位原価 ＝ 653,500 円 ÷ 400 個 ＝ 1,633.75 円

完成品総合原価	653,500 円
月末仕掛品原価	291,500 円
完成品単位原価	1,633.75 円

第 I 部：原価計算

練 習 問 題

次の資料に基づき、先入先出法により月末仕掛品原価、完成品総合原価および完成品単位原価を計算しなさい。完成品単位原価は、少数第 2 位を四捨五入すること。

【資料】

1．当月の生産データ

月 初 仕 掛 品	500 個 ($\frac{1}{2}$)
当 月 投 入	2,000 個
合　　　　計	2,500 個
完 　 成 　 品	1,800 個
月 末 仕 掛 品	100 個 ($\frac{2}{5}$)
正 常 減 損	600 個 ($\frac{4}{5}$)

＊材料は工程の始点で投入される。また、仕掛品の（　）内の数値は加工進捗度を示す。

2．原価データ

月初仕掛品原価

直 接 材 料 費	18,000 円
加 　 工 　 費	100,000 円

当月製造費用

直 接 材 料 費	52,000 円
加 　 工 　 費	477,000 円

完成品総合原価	
月末仕掛品原価	
完成品単位原価	

解 答

完成品総合原価	63,000 円
月末仕掛品原価	17,000 円
完成品単位原価	350 円

103

単純総合原価計算：仕損・減損・作業くずの処理のまとめ

仕　　損…品質標準や規格標準に合致しない不合格品の発生のことをいい、この不合格品を**仕損品**といい、その費用を**仕損費**という。

減　　損…投入した原材料のうち、製品の加工中に蒸発、粉散、ガス化、煙化などによって目減りした減少分のことを指し、減損に要した費用を**減損費**という。

作業くず…製品の加工段階で生じた残りくずのうち、経済的価値があるものをいう。

　仕損・減損・作業くずの３点は、投入した原料が製品化しないという点では共通している。しかし、減損は経済的価値がないが、作業くずは経済的価値がある。仕損は場合によっては、経済的価値を有するものもある。経済的価値があるものについては、評価額が付される。

場　　合	正常減損・正常仕損	処理方法
終　点　発　生	正常減損	完成品負担
	正常仕損	完成品負担 仕損品評価額は、正常仕損分の原価を含む完成品原価から控除。
月末仕掛品の加工進捗度＜正常減損（仕損）の発生	正常減損	完成品負担
	正常仕損	完成品負担 仕損品評価額は、正常仕損分の原価を含む完成品原価から控除。
始点発生 月末仕掛品の加工進捗度＞正常減損（仕損）の発生	正常減損	両者負担
	正常仕損	両者負担 仕損品評価額は、当月投入の原料費などから前もって控除。

第 I 部：原価計算

工程別総合原価計算

 到達目標　工程別総合原価計算とは何か、またその計算技法について学習する。

1 工程別総合原価計算

工程別総合原価計算は、複数の工程を経て製品を生産する場合に適用される原価計算である。工程別総合原価計算では、最初の工程（第 1 工程）で加工が完了した**工程完成品**は、次工程に振り替えられてさらに加工され、最終工程での加工が完了して製品が完成する。

工程完成品を次工程に**前工程費**として振り替えて、累積的に完成品総合原価を計算する方法を**累加法**という。本書では累加法を学習する。一方、各工程の原材料や加工費ごとにそれぞれの工程で発生した原価を計算してそれを合計する方法を**非累加法**という。

2 累加法による工程別総合原価計算のしくみ

累加法による工程別総合原価計算では、工程を経るたびにその工程の次工程費が加算され、最終工程での完成品原価がその製品の製品原価となる。基本的には単純総合計算と同じ考え方である。計算においては、前工程費と自工程費はそれぞれ別に計算すること、仕掛品の前工程費は、前工程での完成品の原価であるから、進捗度は 100％として計算することに注意したい。

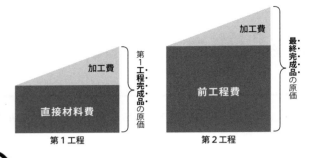

例題26

　当工場では、連続する2つの工程を経て製品Bを量産しており、累加法による工程別総合原価計算を実施している。以下の資料により、第1工程仕掛品勘定、第2工程仕掛品勘定の記入を完成させなさい。

【資料】
1．当月の生産データ

	第1工程	第2工程
月初仕掛品	50個 ($\frac{1}{2}$)	40個 ($\frac{1}{2}$)
当月投入	260個	250個
合　　計	310個	290個
完 成 品	250個	240個
月末仕掛品	60個 ($\frac{1}{3}$)	50個 ($\frac{4}{5}$)

＊材料はすべて第1工程の始点で投入される。また、（　）内の数値は加工進捗度を示す。月末仕掛品の評価については、第1工程は平均法、第2工程は先入先出法による。

2．原価データ

	第1工程	第2工程
月初仕掛品原価		
直接材料費	29,700円	－ 円
加　工　費	27,600円	15,780円
前 工 程 費	－ 円	67,720円
当月製造費用		
直接材料費	162,500円	－ 円
加　工　費	257,250円	214,500円
前 工 程 費	－ 円	？ 円

第 I 部：原価計算

解答欄

第 1 工程仕掛品

(単位：円)

前 月 繰 越	( )	(	)	( )
材　　　料	( )	**次 月 繰 越**	(	)
加　工　費	( )			
	( )		(	)

第 2 工程仕掛品

(単位：円)

前 月 繰 越	( )	(	)	( )
( )	( )	**次 月 繰 越**	(	)
加　工　費	( )			
	( )		(	)

26 解答・解説

平 均 法

第1工程－材料費

月初仕掛品 29,700円	完成品 **155,000円** **(250)**
(50)	月末仕掛品 37,200円
当月投入 162,500円 (260)	(60)

第1工程－加工費

月初仕掛品 27,600円	完成品 **263,750円** **(250)**
(25)	月末仕掛品 21,100円
当月投入 257,250円 (245)	(20)

先 入 先 出 法

前工程費

月初仕掛品 67,720円	完成品 **402,720円** **(240)**
(40)	月末仕掛品 83,750円
当月投入 **418,750円** **(250)**	(50)

第2工程－加工費

月初仕掛品 15,780円	完成品 197,280円 (240)
(20)	月末仕掛品 33,000円
当月投入 214,500円 (260)	(40)

107

[第1工程] 平均法

月末仕掛品原価：

$$材料費 = \frac{29,700\,円 + 162,500\,円}{50\,個 + 260\,個} \times 60\,個 = 37,200\,円$$

$$加工費 = \frac{27,600\,円 + 257,250\,円}{25\,個 + 245\,個} \times 20\,個 = 21,100\,円$$

完成品総合原価：

材料費 = 29,700 円 + 162,500 円 − 37,200 円 = 155,000 円

加工費 = 27,600 円 + 257,250 円 − 21,100 円 = 263,750 円

[第2工程] 先入先出法

月末仕掛品原価：

$$前工程費 = \frac{418,750\,円}{250\,個} \times 50\,個 = 83,750\,円$$

$$加工費 = \frac{214,500\,円}{260\,個} \times 40\,個 = 33,000\,円$$

完成品総合原価：

材料費 = 67,720 円 + 418,750 円 − 83,750 円 = 402,720 円

加工費 = 15,780 円 + 214,500 円 − 33,000 円 = 197,280 円

第 1 工程仕掛品

(単位：円)

前 月 繰 越	57,300	第2工程仕掛品	418,750
材　　　料	162,500	次 月 繰 越	58,300
加 　工 　費	257,250		
	477,050		477,050

第 2 工程仕掛品

(単位：円)

前 月 繰 越	83,500	製　　　品	600,000
前 工 程 費	418,750	次 月 繰 越	116,750
加 　工 　費	214,500		
	716,750		716,750

第1部：原価計算

練習問題

当工場では、連続する2つの工程を経て製品Bを量産しており、累加法による工程別総合原価計算を実施している。以下の資料により、解答用紙を完成させなさい。

【資料】

1．当月の生産データ

	第1工程	第2工程
月 初 仕 掛 品	250個 (0.5)	500個 (0.4)
当 月 投 入	2,000個	1,750個
合　　　計	2,250個	2,250個
完 成 品	1,750個	2,000個
月 末 仕 掛 品	500個 (0.5)	250個 (0.2)

＊材料はすべて第1工程の始点で投入される。また、（　）内の数値は加工進捗度を示す。月末仕掛品の評価については、第1工程は平均法、第2工程は先入先出法による。

2．原価データ

	第1工程	第2工程
月初仕掛品原価		
原 料 費	142,500円	一 円
加 工 費	161,250円	54,000円
前 工 程 費	一 円	300,000円
当 月 製 造 費 用		
原 料 費	720,000円	一 円
加 工 費	843,750円	1,054,500円
前 工 程 費	1,846,875円	1,546,875円

109

解答欄

	第1工程			第2工程		
	原料費	加工費	計	前工程費	加工費	計
月初仕掛品原価						
当 月 投 入						
計						
月末仕掛品原価						
完成品総合原価						

解答 解説

	第1工程			第2工程		
	原料費	加工費	計	前工程費	加工費	計
月初仕掛品原価	157,500	161,250	303,750	300,000	54,000	354,000
当 月 投 入	720,000	843,750	1,563,750	1,546,875	1,054,500	2,600,875
計	877,500	1,005,000	1,882,500	1,846,875	1,108,000	2,954,875
月末仕掛品原価	195,000	125,625	320,625	1,079,500	28,500	268,500
完成品総合原価	667,500	879,375	1,546,875	1,606,875	1,079,500	2,686,375

110

第 I 部：原価計算

組別総合原価計算

到達目標　組別総合原価計算とは何か、またその計算技法について学習する。

 組別総合原価計算

　組別総合原価計算は、同一の工程で異種の標準規格製品を大量生産する工場に適用される総合原価計算である。組別総合原価計算では、特定の組[20]のために発生したことが把握できる**組直接費**は、継続製造指図書によって組別に記録されているため、各組に直課する。一方で特定の組のための発生が把握できない共通的に発生する**組間接費**は、各組に適切な基準を用いて配賦する。それぞれの組に直接費と間接費を割り当てた後、組ごとに集計された原価を月末仕掛品と完成品に配分する。

---

20. 組とは、製品群・製品種類のことである。

例題 27

次の資料に基づき、先入先出法により月末仕掛品原価、完成品総合原価を計算しなさい。

【資料】

1. 当月の生産データ

	A 製品	B 製品
月初仕掛品	20 個 ($\frac{1}{2}$)	35 個 ($\frac{4}{7}$)
当月投入	210 個	160 個
合計	230 個	195 個
完成品	205 個	165 個
月末仕掛品	25 個 ($\frac{3}{5}$)	30 個 ($\frac{1}{2}$)
合計	230 個	195 個

＊材料はすべて工程の始点で投入される。また、（　）内の数値は加工進捗度を示す。

2. 原価データ

	A 製品	B 製品
月初仕掛品原価		
直接材料費	180,200 円	460,200 円
加工費	243,800 円	432,750 円
当月製造費用		
直接材料費	1,806,000 円	2,073,600 円
加工費	8,820,000 円	

3. 当月の実際機械作業時間は、A 製品 960 時間および B 製品 640 時間であった。

解答欄

	A 製品	B 製品
月末仕掛品原価		
完成品総合原価		

先入先出法

A製品－材料費

月初仕掛品 180,200円 (20)	完成品 1,771,200円 (205)
当月投入 1,806,000円 (210)	月末仕掛品 215,000円 (25)

A製品－加工費

月初仕掛品 243,800円 (10)	完成品 5,157,800円 (205)
当月投入 (210)	月末仕掛品 378,000円 (15)

A 製品：$\dfrac{8{,}820{,}000\,円}{960\,個 + 640\,個} \times 960 = 5{,}292{,}000\,円$

B 製品：$\dfrac{8{,}820{,}000\,円}{960\,個 + 640\,個} \times 640 = 3{,}528{,}000\,円$

A 製品と B 製品の加工費（当月投入分）が合わせて、8,820,000 円
8,820,000（按分）円……A：5,292,000円　B：3,528,000円

B製品－材料費

月初仕掛品 460,200円 (35)	完成品 2,145,000円 (165)
当月投入 2,073,600円 (160)	月末仕掛品 388,800円 (30)

B製品－加工費

月初仕掛品 432,750円 (20)	完成品 3,630,000円 (165)
当月投入 (160)	月末仕掛品 330,750円 (15)

	A 製品	B 製品
月末仕掛品原価	593,000 円	719,550 円
完成品総合原価	6,929,000 円	5,775,000 円

練習問題

あおい工業ではテーブルA型とB型を量産している。直接材料費は、A型とB型それぞれに払出した数量を認識しているが、加工費については個別に認識していないため、加工費を組間接費と考えている。組間接費である加工費を各組製品に配賦するために、機械時間を配賦基準としている。以下の資料にもとづいて、A型とB型の完成品総合原価および月末仕掛品原価を計算しなさい。

【資料】

1. 当月の生産データ

	A型	B型
月初仕掛品	70個(40%)	80個(50%)
当月投入	430個	620個
合計	500個	700個
月末仕掛品	50個(60%)	100個(30%)
完成品	450個	600個

＊材料はすべて工程の始点で投入される。また、（　）内の数値は加工進捗度を示す。月末仕掛品の原価は平均法によって計算する。各組製品の生産に要した機械作業時間は、A型は452時間、B型は590時間であった。

2. 原価データ

	A型	B型
月初仕掛品原価		
直接材料費	70,000円	80,800円
加工費	5,160円	7,140円
当月製造費用		
直接材料費	440,000円	643,700円
加工費	218,820円	

解答欄

	A製品	B製品
月末仕掛品原価		
完成品総合原価		

解答

	A製品	B製品
月末仕掛品原価	457,255円	109,740円
完成品総合原価	152,825円	745,800円

114

第 I 部：原価計算

第14回 等級別総合原価計算

到達目標 等級別総合原価計算とは何か、またその計算技法について学習する。

1 等級別総合原価計算

　等級別総合原価計算は、同一工程において同種製品を連続生産するが、その製品の形状、大きさ、品位などによって**等級**に区別する場合に適用される総合原価計算をいう。各々の等級製品は、同種といえども、それぞれが負担する原価は異なるため、どれくらい原価を負担させるかを検討しなくてはならない。この際に用いられるのが**等価係数**である。

　等級別総合原価は、「製靴業、化学工業、醸造業、製材業、鉄鋼業などの業種で用いられることが多い。工程が単一の場合には等級別単一工程総合原価計算、複数の場合には等級別工程別総合原価計算、また組別計算と組み合わせた組別等級別総合原価計算が行われる」。

　等価係数とは、等級製品の結合原価について、各等級製品に按分する場合の比率（等価比率）を算定する係数をいう。各等級製品の重量、長さ、面積など原価の発生と関連する製品の諸性質にもとづいて、等価係数を一括的に算定する。

2 等級別総合原価計算の手続き

　等級別総合原価計算は、組別総合原価計算ほど厳密ではなく、等価係数を利用することからも簡便的なものにならざるを得ない。当月製造費用は、共通的に発生するから各等級製品に明確に区分することが困難である。それは、複数の等級製品について、同一の材料・工程が用いられており、等級製品ごとに材料費や加工費の当月製造費用が記録されていないからである。以下に、当月製造費用を各製品別にどのように配分するかについて説明する。

①等級製品ごとに仕掛品を区別しない方法

　（ア）通常の単純総合原価計算を実施し、当月完成品原価と月末仕掛品原価を計算する。
　（イ）当月完成品原価を完成品の**積数**[21]によって各等級製品に配分する。

　この方法は、等級製品別に仕掛品原価を管理しなくてよい場合、あるいは製品が完成するまで等級が定まらない製品の場合に用いられる。等級製品の数に関わらず、計算が1回で済むため、計算事務は簡単である。

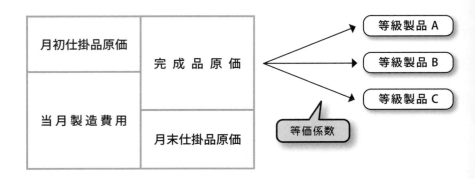

---

21. 積数とは、等価係数×数量で求められる。

②等級製品ごとに仕掛品を区別する方法

Ⅰ. 単純総合原価計算に類似した方法

すべての等級製品を1つの製品のようにみなして完成品の総合原価を計算し、つぎにこれを一括的に各等級製品に按分する計算方法である。製品の品質によって等価係数が設定されている場合に用いられることが多い。

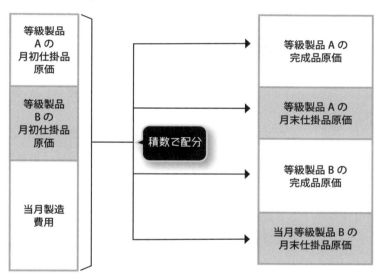

Ⅱ. 組別総合原価計算に近い等級別計算

各原価要素または原価要素群を各等級製品に按分して、各等級製品の1期間の製造費用を計算し、この製造費用と各等級製品の期首仕掛品原価とを、当期における各等級製品の完成品と月末仕掛品とに分割することにより、当期における各等級製品の総合原価を計算し、単位原価を計算する方法である。原価財の消費量等によって等価係数が設定されている場合に用いられることが多い。

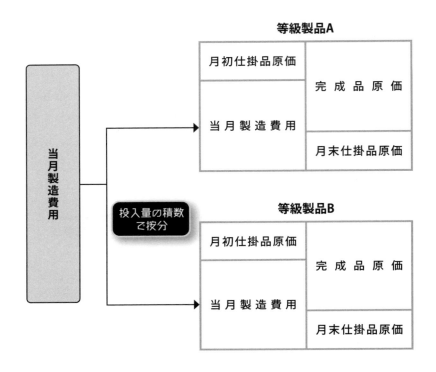

　原価計算基準でも等級別総合原価計算は、2つの方法が示されている。1つめは、製品の品質に注目し、同種製品のうち、重い製品ほど原価が高くなるように原価を配分する。2つめは、製品の資源消費に関連して、最終的な重さではなく、製造段階で材料等がどの程度投入されたかに基づいて原価を配分する。

例題 28

次の資料にもとづいて、下記の各ケースについて、完成品総合原価および完成品単位原価を計算しなさい。月末仕掛品の原価は平均法によって計算する。完成品単位原価については、小数第2位以下を四捨五入する。それ以外は小数第1位以下を四捨五入する。

【資料】

1. 当月の生産データ

	A 製品	B 製品
月初仕掛品	2,000 個 ($\frac{1}{4}$)	3,000 個 ($\frac{2}{3}$)
当月投入	38,000 個	36,000 個
合計	40,000 個	39,000 個
月末仕掛品	4,000 個 ($\frac{3}{5}$)	3,000 個 ($\frac{3}{5}$)
完成品	36,000 個	36,000 個

＊材料はすべて工程の始点で投入される。また、（ ）内の数値は加工進捗度を示す。

2. 等価係数

	A 製品	B 製品
材料費	1	0.8
加工費	1	0.6

3. 原価データ

	A 製品	B 製品
月初仕掛品原価		
直接材料費	27,500 円	21,200 円
加工費	3,800 円	12,000 円
当月製造費用		
直接材料費	1,002,000 円	
加工費	593,800 円	

問1 すべての等級製品を1つの製品のようにみなして完成品の総合原価を計算する単純総合原価計算に類似した方法により求めること。

問2 各原価要素または原価要素群を各等級製品に按分する組別総合原価計算に近い方法により求めること。

> 解答欄

問1

	A 製品	B 製品
完成品総合原価		
完成品単位原価		

問2

	A 製品	B 製品
完成品総合原価		
完成品単位原価		

28 解答・解説

問1 単純総合原価計算に類似した方法

材料費（月末仕掛品）：

(A. 月初)　　(B. 月初)　　(A + B. 当月)

$$\frac{27,500 円 + 21,200 円 + 1,002,000 円}{2,000 個 + 38,000 個 + 3,000 個 + 36,000 個} \times (4,000 + 3,000) 個 = 93,100 円$$

材料費（完成品） ＝ 27,500 円 + 21,200 円 + 1,002,000 円 － 93,100 円 ＝ 957,600 円

完成品を等価係数で按分する。

957,600 円 $\Bigg\langle$ A：1 ………… 532,000 円

B：0.8 ………… 425,600 円

120

加工費（月末仕掛品）：

$$\frac{3,800 円 + 12,000 円 + 593,800 円}{500 個 + 37,900 個 + 2,000 個 + 35,800 個} \times (2,400 + 1,800) 個 = 33,600 円$$

（A. 月初）　（B. 月初）　（A + B. 当月）

加工費（完成品） ＝ 3,800 円 + 12,000 円 + 593,800 円 − 33,600 円 = 576,000 円

完成品を等価係数で按分する。

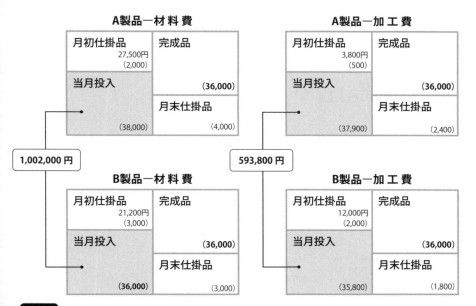

問1

完成品総合原価の金額を計算する。

材料費（A 製品）：532,000 円 （B 製品）425,600 円
加工費（A 製品）：360,000 円 （B 製品）216,000 円

A 製品 = 532,000 円 + 360,000 円 = 892,000 円
B 製品 = 425,600 円 + 216,000 円 = 641,600 円

	A 製品	B 製品
完成品総合原価	892,000 円	641,600 円
完成品単位原価	@ 24.8 円	@ 17.8 円

問2 組別総合原価計算に近い方法

● 当月投入分の金額を計算する。

材料費（A 製品）：

$$\frac{1,002,000\,円}{38,000\,個+36,000\,個\times\mathbf{0.8}}\times 38,000\,個=570,000\,円$$

材料費（B 製品）：

$$\frac{1,002,000\,円}{38,000\,個+36,000\,個\times\mathbf{0.8}}\times 36,000\,個\times\mathbf{0.8}=432,000\,円$$

加工費（A 製品）：

$$\frac{593,800\,円}{37,900\,個+35,800\,個\times\mathbf{0.6}}\times 37,900\,個=379,000\,円$$

加工費（B 製品）：

$$\frac{593,800\,円}{37,900\,個+35,800\,個\times\mathbf{0.6}}\times 35,800\,個\times\mathbf{0.6}=214,800\,円$$

● 月末仕掛品の金額を計算する。

材料費（A 製品）

$$\frac{\overset{(月初)}{27,500\,円}+\overset{(当月)}{570,000\,円}}{36,000\,個+4,000\,個}\times 4,000\,個=59,750\,円$$

材料費（B 製品）

$$\frac{\overset{(月初)}{21,200\,円}+\overset{(当月)}{432,000\,円}}{36,000\,個+3,000\,個}\times 3,000\,個=34,861.5\,円\rightarrow 34,862\,円$$

第Ⅰ部：原価計算

加工費（A製品）

$$\frac{3,800\,円(月初)+379,000\,円(当月)}{36,000\,個+2,400\,個} \times 2,400\,個 = 23,925\,円$$

加工費（B製品）

$$\frac{12,000\,円(月初)+214,800\,円(当月)}{36,000\,個+1,800\,個} \times 1,800\,個 = 10,800\,円$$

問2

完成品総合原価の金額を計算する。

材料費（A製品） ＝ 27,500円＋570,000円－59,750円＝537,750円

加工費（A製品） ＝ 3,800円＋379,000円－23,925円＝358,875円

材料費（B製品） ＝ 21,200円＋432,000円－34,862円＝418,338円

加工費（B製品） ＝ 12,000円＋214,800円－10,800円＝216,000円

A製品＝ 537,750円＋358,875円＝896,625円

B製品＝ 418,338円＋216,000円＝634,338円

	A製品	B製品
完成品総合原価	896,625円	634,338円
完成品単位原価	24.9円	17.6円

123

練習問題

次の資料にもとづいて、各等級製品の当月製造費用、完成品総合原価および完成品単位原価計算しなさい。なお、月末仕掛品原価の計算方法は先入先出法によること。等級別総合原価計算は、当月製造費用を各等級製品に按分する方法によること。

【資料】

1. 当月の生産データ

	X製品	Y製品
月初仕掛品	400個($\frac{1}{2}$)	300個($\frac{1}{3}$)
当月投入	4,000個	2,000個
合計	4,400個	2,300個
月末仕掛品	600個($\frac{1}{3}$)	100個($\frac{1}{2}$)
完成品	3,800個	2,200個

＊材料はすべて工程の始点で投入される。また、（　　）内の数値は加工進捗度を示す。

2. 等価係数

	X製品	Y製品
材料費	1	0.7
加工費	1	0.6

3. 原価データ

	X製品	Y製品
月初仕掛品原価		
直接材料費	205,000円	113,200円
加工費	80,200円	23,000円
当月製造費用		
直接材料費	3,024,000円	
加工費	2,137,800円	

第Ⅰ部：原価計算

解答欄

	X 製品	Y 製品
当月直接材料費		
当 月 加 工 費		
月 末 仕 掛 品 原 価		
完 成 品 総 合 原 価		
完 成 品 単 位 原 価		

解 答 🎓 解 説

	X 製品	Y 製品
当月直接材料費	2,240,000 円	784,000 円
当 月 加 工 費	1,596,000 円	541,800 円
月 末 仕 掛 品 原 価	420,000 円	51,800 円
完 成 品 総 合 原 価	3,701,200 円	1,410,200 円
完 成 品 単 位 原 価	974 円	641 円

[X 製品]

●当月投入分の金額を計算する。

$$材料費 = \frac{3,024,000 \text{ 円}}{4,000 \text{ 個} + 2,000 \text{ 個} \times 0.7} \times 4,000 \text{ 個} = 2,240,000 \text{ 円}$$

$$加工費 = \frac{2,137,800 \text{ 円}}{3,800 \text{ 個} + 2,150 \text{ 個} \times 0.6} \times 3,800 \text{ 個} = 1,596,000 \text{ 円}$$

●月末仕掛品の金額を計算する。

$$材料費 = \frac{2,240,000 \text{ 円}}{4,000 \text{ 個}} \times 600 \text{ 個} = 336,000 \text{ 円}$$

$$加工費 = \frac{1,596,000 \text{ 円}}{3,800 \text{ 個}} \times 200 \text{ 個} = 84,000 \text{ 円}$$

125

3 連産品の原価計算

連産品とは、同一の原料・工程から異種の製品が製造される場合、製品間の価値にそれほど差がない場合に生じる製品のことをいう[22]。ただし、連産品の中で、製品の価値に大きな差がある場合には、価値の大きい方を**主産物**、価値の小さい方を**副産物**という。

連産品と主産物については、製造原価の計算を行うが、副産物については製造原価の計算を行わない。連産品の原価は、連結原価（原料やその他の共通な原価）を適当な方法で各製品種に配分して計算する。主産物の原価は、主産物と副産物を製造するために発生した原価から副産物の評価額[23]を差し引いて計算する。

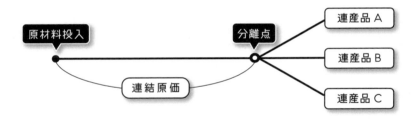

---

22. 1つの原料を分解して製品を生産する形態の企業（精肉業、原油精製、木材加工等）にみられる。
23. 副産物の評価額は、主産物の原価の節約分と考える。

第 II 部
管理会計

管理会計の到達目標

　管理会計は、企業内部の会計であり、会計情報を利用して、意思決定や業績測定・業績評価に有用なものを提供することである。第 I 部では、実際に発生した金額を集計する実際原価計算を学習した。
　第 II 部では、短期経営統制のための管理会計について学習する。前半部分では、あらかじめ価格について標準という予定を組み込んだ標準原価計算を学習する。標準原価計算の基礎、差異分析（直接材料費・直接労務費・製造間接費）、記帳方法等について理解する。また、全部原価計算との対比から部分原価計算の１つである直接原価計算の基礎と構造を理解し、CVP（原価・営業量・利益）分析について理解する。この第 II 部では、管理会計の基礎を説明でき、特に、標準原価計算と直接原価計算の計算ができるようになることが目標である。

第II部：管理会計

第1回 管理会計の基礎

 到達目標　企業を取り巻く利害関係者と会計情報について理解する。財務会計と管理会計の関係を知る。

1 企業を取り巻く利害関係者

　利害関係者としては、以下のようなものが存在し、それに対してそれぞれの要求に従って会計情報を提供する。企業外部者としての**株主**（投資家）は、配当可能利益および企業の収益力、財務安定性など、**債権者**は、社債の元本の償還能力および支払利息の支払能力など、金融機関等の**債権者**は、債務返済能力および利息支払能力など、**税務官庁**は、適正な課税を行うための資料としての取得など、**取引先**は、売上代金の支払能力および支払期限など、企業内部者としての**従業員**は、給与・賞与等の会計情報である。

2 管理会計の意義

　管理会計は、経営管理者が経営責任を遂行するために、経営目的に相応して経営管理に志向する会計である。経営管理は、時代とともに変化し生産様式・生産構造、経営組織の変化によって複雑化・多様化する。したがって企業環境が変化し、経営管理の内容が変わると管理会計も変化する。また、管理会計は、企業の各階層[1]の経営管理者に有用な会計情報を提供することを目的とする。

128

アメリカ会計学会は、「管理会計とは経済主体の実際の経済資料と計画上の経済資料を処理するにあたって、合理的な経済的目標を計画し、この目標を達成しようとして合目的な意思決定を行うにあたって経営管理者を助けるために、利用目的に適した技術および概念を適用することである」[2]と定義している。

●管理会計と財務会計の違い

	管理会計	財務会計
情報利用者	経営管理者	外部利害関係者
会計機能	経営管理用具	利害調整
法規制	不要	会社法・金融商品取引法
主としてカバーする範囲	詳細な部分	概略的な全体情報
重視する時間次元	未来・過去情報	過去情報
会計期間	弾力的	非弾力的・定期的
情報の特性	有用性・目的適合性	客観性・公平性・検証可能性

---

1. 経営管理者層には、最高経営管理者(トップ・マネジメント)、中級経営管理者(ミドル・マネジメント)、下級経営管理者(ロワー・マネジメント)がある。
2. AAA・1958年管理会計委員会報告書、飯野利夫訳『基礎的会計理論』国元書房、昭和44年、58ページ。

例題 1

下記の空欄に適当な用語を入れなさい。

会計学は、（ ① ）と（ ② ）に大別することができる。（ ① ）は、企業内部の会計であり、意思決定や業績管理に有用な会計である。（ ② ）は、企業が経営を行った結果として（ ③ ）、（ ④ ）、（ ⑤ ）を表す。利害関係者には、（ ⑥ ）、（ ⑦ ）、（ ⑧ ）、（ ⑨ ）があり、企業全体の利益を重視するのが（ ⑥ ）、安全性を重視するのが（ ⑦ ）、税法上の課税計算を重視するのが（ ⑧ ）、会計情報の機能を重視するのが（ ⑨ ）である。

解答欄

①		②		③	
④		⑤		⑥	
⑦		⑧		⑨	

1 解答・解説

①	管理会計	②	財務会計	③	貸借対照表
④	損益計算書	⑤	キャッシュ・フロー計算書	⑥	投資家
⑦	債権者	⑧	税務当局	⑨	経営管理者

130

第Ⅱ部：管理会計

標準原価計算の基礎・直接材料費差異

  到達目標 標準原価計算の意義・手続き等基礎知識を学習する。

1 標準原価計算とは

標準原価計算[3]とは製品の原価を実際原価ではなく、あらかじめ目標となる**目標原価**を設定し、**標準原価**によって製品原価を計算する方法である。標準原価計算では、原価財の価格と製品単位当たりの消費量を統計的・科学的に設定して、それを用いて原価計算を行う予定原価計算である。

実際原価計算では、価格や生産量の増減等の偶然的変化がそのまま製品の実際単位原価に影響を及ぼすことになるため、期間比較をする際の原価管理には有用ではない。また、実際原価計算では、月末になって帳簿記録を締めてからでないと原価の実際発生額が分からない。つまり、原価管理にとって必要な情報がタイムリーには得ることができない。このような実際原価計算の欠陥を克服するために考案されたのが、標準原価計算である。

標準原価計算の手続き

- **原価計算期間開始前**
   ①標準単位消費量と標準単位価格から原価標準を設定
- **原価計算期間中**
   ②実際生産量を加味して標準原価の計算

---

3. 標準原価計算は、テイラー（Frederick W. Taylor）によって提唱された科学的管理法の考え方を導入したものである。1960年代のアメリカで標準原価計算は誕生した。

・原価計算期間終了後

③実際原価計算の計算

④標準原価と実際原価との比較による標準原価差異の計算

⑤標準原価差異の分析

⑥経営管理者への差異分析の報告と改善策の立案

原価標準と標準原価

　原価標準は、製品単位あたりの標準のことで、事前に設定する。それに実際生産量を乗じたものが**標準原価**である。標準原価とは、生産量に対して標準で許容される原価である。標準原価の種類は、改訂の頻度[4]や標準の厳格度[5]を基準に決められる。原価標準の情報を製品別に作成するものが、下記のような標準原価カードである。

標準原価カード

	標 準 単 価	標 準 消 費 量	
直接材料費	10 円 /kg	10kg	100 円
	標 準 賃 率	標準直接作業時間	
直接労務費	400 円 / 時間	2 時間	800 円
	標 準 配 賦 率	標準直接作業時間	
製造間接費	300 円 / 時間	2 時間	600 円
製品 1 個あたり標準製造原価			1,500 円

---

4. 標準の改訂の頻度にもとづく分類には、①当座標準原価②基準標準原価がある。

5. 標準の厳格度にもとづく分類には、①理想標準原価②現実的標準原価③正常標準原価がある。

例題2

次の資料に基づき、月末仕掛品標準原価、完成品標準原価を計算しなさい。なお、当社は標準原価計算を採用している。

【資料】
1．当月の生産データ

月初仕掛品	1,300個（40％）
当月投入	6,700個
合　　計	8,000個
完成品	7,000個
月末仕掛品	1,000個（60％）

＊材料はすべて工程の始点で投入される。また、（　）内の数値は加工進捗度を示す。

2．標準原価カード

標準原価カード			
	標準価格	標準消費量	
直接材料費	@80円	5kg	400円
	標準賃率	標準直接作業時間	
直接労務費	@100円	3時間	300円
	標準配賦率	標準直接作業時間	
製造間接費	@60円	3時間	180円
製品1個あたりの標準製造原価			**880円**

解答欄

月末仕掛品標準原価	
完成品標準原価	

② 解答・解説

●材料費と加工費の生産データを整理する。

【生産データの整理】

材料費

月初仕掛品	完成品
(1,300)	(7,000)
当月投入	月末仕掛品
(6,700)	(1,000)

左側の合計（1,300円＋6,700円）と
右側の合計（7,000円＋1,000円）は
必ず一致する。

加工費

月初仕掛品	完成品
1,300×40％＝(520)	(7,000)
当月投入	月末仕掛品
7,000＋600－520＝(7,080)	1,000×60％＝(600)

完成品の数は必ず、材料費と同じ。
加工費の計算は、**加工進捗度**を考慮する。
先に、月初仕掛品と月末仕掛品を出し、**当月投入
は差額**（左側の合計と右側の合計は一致）で出す。

○完成品標準原価
= 7,000個（完成品の個数）×880（製品1単位あたりの標準原価）
= **6,160,000円**

○月末仕掛品標準原価：

直接材料費（材料費の生産ボックスより）
＝1,000個（月末仕掛品の個数）×400（標準原価カードより）
＝**400,000円**

直接労務費（加工費の生産ボックスより）
＝600個（月末仕掛品の個数）×300（標準原価カードより）
＝**180,000円**

製造間接費（加工費の生産ボックスより）
＝600個（月末仕掛品の個数）×180（標準原価カードより）
＝**108,000円**

∴**月末仕掛品標準原価**
= 400,000円（直接材料費）＋180,000円（直接労務費）＋108,000円（製造間接費）
＝**688,000円**

練習問題

次の資料に基づき、月末仕掛品原価、完成品原価を計算しなさい。なお、当社は標準原価計算を採用している。

【資料】

1. 生産データ

月初仕掛品	800個($\frac{1}{2}$)
当月投入	7,200個
合計	8,000個
完成品	7,000個
月末仕掛品	1,000個($\frac{4}{5}$)

＊材料はすべて工程の始点で投入される。また、（　）内の数値は加工進捗度を示す。

2. 標準原価カード

標準原価カード			
	標準価格	標準消費量	
直接材料費	@50円	2kg	100円
	標準賃率	標準直接作業時間	
直接労務費	@300円	0.5時間	150円
	標準配賦率	標準直接作業時間	
製造間接費	@500円	0.5時間	250円
製品1個あたりの標準原価			**500円**

完成品標準原価	円
月末仕掛品標準原価	円
直接材料費	円
直接労務費	円
製造間接費	円

完成品標準原価	3,500,000 円
月末仕掛品標準原価	420,000 円
直接材料費	100,000 円
直接労務費	120,000 円
製造間接費	200,000 円

2 直接材料費差異

直接材料費差異は、標準直接材料費－実際直接材料費で求められる。この直接材料費差異は、さらに材料種類別に数量差異と価格差異に分析される。算式を示せば、以下のようになる。

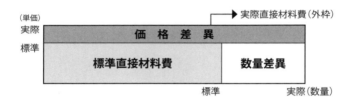

数量差異は、材料の標準消費量と実際消費量の差を標準価格で評価した金額である。直接材料の実際消費量が、科学的に予定していた標準消費量と比較して節約できたのか（有利差異）、浪費したのか（不利差異）がわかる。計算上は、標準消費量－実際消費量で計算しているので、計算結果がプラスの値をとれば有利差異、マイナスの値をとれば不利差異となる。数量差異は、管理可能な内部要因であることが多いため、製造部門の部門責任者（職長や工場長）の業績判断をする際の1つの指標となる。

価格差異は、材料の標準価格と実際価格の差を実際消費量で評価した金額である。標準価格より高い価格の直接材料を消費すれば不利差異、標準価格より低い価格の直接材料を消費すれば有利差異となる。計算上は、標準価格－実際価格で計算しているので、計算結果がプラスの値をとれば有利差異、マイナスの値をとれば不利差異となる。価格差異は、管理不能な外部要因であることが多いため、購入責任者の業績判断をする際の1つの指標となる。

例題 3

標準原価計算を採用している当社の次の資料により、直接材料費差異を分析しなさい。なお、解答欄にある（　）内には、借方差異（不利な差異）であれば「借」、貸方差異（有利な差異）であれば「貸」と示すこと。

【資料】
1．製品1個あたりの標準直接材料費は次のとおりである。
　　　　　　　　（標準単価）　　（標準消費量）
　　直接材料費　　100円/kg　×　　5kg　　＝　500円

2．当月の生産実績は次のとおりである。

　　月初仕掛品　　　20個(0.5)
　　当月投入　　　 120個
　　合　　計　　　 140個
　　月末仕掛品　　　40個(0.5)
　　完成品　　　　 100個

＊材料はすべて工程の始点で投入される。また、（　）内の数値は加工進捗度を示す。

3．当月の直接材料費の実際発生額は次のとおりである。
　　実際直接材料費　　68,200円（110円/kg × 620kg）

解答欄

直接材料費差異	8,200 円 （ 借 ）
価格差異	6,200 円 （ 借 ）
数量差異	2,000 円 （ 借 ）

3 解答・解説

1. 生産データの整理

2. ボックス図

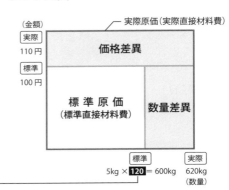

この図の面積は、金額×数量であり、原価の金額を示している。外枠の長方形全体が材料の実際原価を表しており、内側の標準価格×標準消費量が標準原価である。内側の長方形から外枠の長方形を除いた部分が原価差異となる。なお、数量差異は、標準価格×（標準消費量－実際消費量）で求められ、価格差異は、（標準価格－実際価格）×実際消費量で求められる。

直接材料費の差異分析

標準原価＝ 100 円× 600kg ＝ 60,000 円　　実際原価＝ 110 円× 620kg ＝ 68,200 円

① 標準原価と実際原価の差

＝ 60,000 円－ 68,200 円＝ **8,200 円（借）差異**

> ☆この内訳は？
> 数量差異＝（600kg － 620kg）× 100 円/kg ＝ △2,000 円
> 価格差異＝（100 円/kg － 110 円/kg）× 620kg ＝ △6,200 円

② 数量差異 ＋ 価格差異

△2,000 円 ＋△6,200 円＝ **8,200 円（借）差異**

直接材料費差異	8,200 円（　借　）
価格差異	6,200 円（　借　）
数量差異	2,000 円（　借　）

当社は、標準原価計算を採用し、製品Aを製造している。次の資料により直接材料費差異を求め、差異分析を行いなさい。なお、解答欄にある（　）内には、借方差異（不利な差異）であれば「借」、貸方差異（有利な差異）であれば「貸」と示すこと。

【資料】

1．製品1個あたりの標準直接材料費は次のとおりである。

　　　　　　　（標準単価）　　（標準消費量）
　直接材料費　　100円/kg　×　　2kg　　＝　200円

2．当月の生産実績は次のとおりである。

　月初仕掛品　　100個（$\frac{1}{2}$）
　当月投入　　1,200個
　合　　計　　1,300個
　月末仕掛品　　200個（$\frac{1}{5}$）
　完成品　　　1,100個

＊材料はすべて工程の始点で投入される。また、（　）内の数値は加工進捗度を示す。

3．当月の直接材料費の実際発生額は次のとおりである。

　実際直接材料費　　241,500円（105円/kg × 2,300kg）

直接材料費差異	円（　　）
価格差異	円（　　）
数量差異	円（　　）

直接材料費差異	1,500円（　借　）
価格差異	11,500円（　借　）
数量差異	10,000円（　貸　）

第II部：管理会計

第3回 直接労務費差異

 到達目標 直接労務費の差異分析（賃率差異・作業時間差異）について学習する。

1 直接労務費差異

直接労務費差異は、標準直接労務費−実際直接労務費で求められる。この直接労務費差異は、さらに部門別あるいは作業種類別に賃率差異と時間差異に分析される。算式を示せば、以下のようになる。

> 時間差異＝標準賃率×（標準作業時間−実際作業時間）

> 賃率差異＝（標準賃率−実際賃率）×実際作業時間

時間差異は、標準作業時間と実際作業時間の差を標準賃率で評価した金額である。直接工の実際作業時間が、科学的に予定していた標準作業時間と比較して節約できたのか（有利差異）、浪費したのか（不利差異）がわかる。計算上は、標準作業時間−実際作業時間で計算しているので、計算結果がプラスの値をとれば有利差異、マイナスの値をとれば不利差異となる。時間差異は、管理可能な内部要因であることが多いため、製造部門の責任者（職長や工場長）の統制能力として業績判断をする際の1つの指標となる。

賃率差異は、材料の標準賃率と実際賃率の差を実際作業時間で評価した金額である。標準賃率より高い賃率の直接工が作業すれば不利差異、標準賃率より低い賃率の直接工が作業すれば有利差異となる。計算上は、標準賃率－実際賃率で計算しているので、計算結果がプラスの値をとれば有利差異、マイナスの値をとれば不利差異となる。賃率差異は、管理不能な外部要因であることが多いが、作業に対して適切に労働者を割り当てたかどうかという人員配置計画の良否をみることができる。

 例題 4

標準原価計算を採用している当社の次の資料により、直接労務費差異を分析しなさい。なお、解答欄にある（　　）内には、借方差異（不利な差異）であれば「借」、貸方差異（有利な差異）であれば「貸」と示すこと。

【資料】

1．製品1個あたりの標準直接労務費は次のとおりである。

　　　　　　　　（標準賃率）　　　（標準直接作業時間）
　　直接労務費　200円/時間　×　　10時間　　　＝　2,000円

2．当月の生産実績は次のとおりである。

　　月初仕掛品　　　20個(0.5)
　　当月投入　　　　120個
　　合　　計　　　　140個
　　月末仕掛品　　　40個(0.5)
　　完成品　　　　　100個

＊材料はすべて工程の始点で投入される。また、（　）内の数値は加工進捗度を示す。

3．当月の直接労務費の実際発生額は次のとおりである。

　　実際直接労務費　　226,800円（210円/時間×1,080時間）

解答欄

直接労務費差異	円（　　　　）
賃率差異	円（　　　　）
時間差異	円（　　　　）

4 解答・解説

1. 生産データの整理　　　2. ボックス図

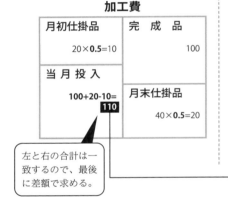

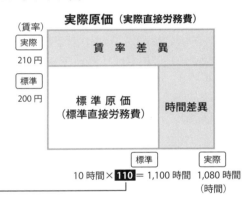

賃　率　差　異＝（200円－210円）×1,080時間＝**10,800円（借）**

時　間　差　異＝（1,100時間－1,080時間）×200＝**4,000円（貸）**

直接労務費差異＝△10,800円＋4,000円＝**6,800円（借）**

もしくは、

　　　　標準原価　　　　　　　実際原価
　（200円×1,100時間）－（210円×1,080時間）＝6,800円（借）

直接労務費差異	10,800円（　借　）
賃率差異	4,000円（　貸　）
時間差異	6,800円（　借　）

練習問題

標準原価計算を採用している当社の次の資料により、直接労務費差異を分析しなさい。なお、解答欄にある（　）内には、借方差異（不利な差異）であれば「借」、貸方差異（有利な差異）であれば「貸」と示すこと。

【資料】

1．標準原価カード（一部抜粋）

　　　　　　　　　　　（標準賃率）　　　（標準直接作業時間）
　標準直接労務費　　300円/時間　×　　0.5時間　　＝　150円

2．当月の生産実績は次のとおりである。

　　月初仕掛品　　　800個（$\frac{1}{2}$）
　　当月投入　　　7,200個
　　合　　計　　　8,000個
　　月末仕掛品　　1,000個（$\frac{4}{5}$）
　　完　成　品　　7,000個

＊材料はすべて工程の始点で投入される。また、（　）内の数値は加工進捗度を示す。

3．当月の実際原価データ

　　　　　　　　　　（実際賃率）　　（実際直接作業時間）
　実際直接労務費　　＠303　×　　3,740時間　　＝　1,133,220円

直接労務費差異	円（　　　）
賃率差異	円（　　　）
時間差異	円（　　　）

直接労務費差異	6,800円（　借　）
賃率差異	10,800円（　借　）
時間差異	4,000円（　借　）

練 習 問 題

当社は、標準原価計算を採用し、製品Aを製造している。次の資料により直接材料費差異および直接労務費差異を求め、差異分析を行いなさい。なお、解答欄にある（　）内には、借方差異（不利な差異）であれば「借」、貸方差異（有利な差異）であれば「貸」と示すこと。

【資料】

1．標準原価カードの一部

　　直接材料費： @ 1,500円/kg × 3kg ＝ 4,500円

　　直接労務費： @ 2,500円 × 5時間 ＝ 12,500円

2．当月の生産データ

月 初 仕 掛 品	500個($\frac{3}{5}$)
当 月 投 入	1,500個
合　　　計	2,000個
月 末 仕 掛 品	600個($\frac{1}{3}$)
完 　 成 　 品	1,400個

＊材料はすべて工程の始点で投入される。また、（　）内の数値は加工進捗度を示す。

3．当月の実際発生額

　　実際直接材料費　　7,285,000円（@ 1,550円）

　　実際直接労務費　　15,190,000円（直接作業時間6,200時間）

直接材料費差異	円（　　）	直接労務費差異	円（　　）
価格差異	円（　　）	賃率差異	円（　　）
数量差異	円（　　）	時間差異	円（　　）

解 答

直接材料費差異	535,000円（借）	直接労務費差異	1,060,000円（貸）
価格差異	235,000円（借）	賃率差異	310,000円（貸）
数量差異	300,000円（借）	時間差異	750,000円（貸）

144

第II部：管理会計

第4回 製造間接費差異

 到達目標　製造間接費の差異分析（予算差異・能率差異・操業度差異）について学習する。

1 製造間接費差異

製造間接費は、多数の項目から構成されており、変動費の部分と固定費の部分をあわせ持っているので、一括的に算定しても原価管理上の有効性は低い。

予算差異　実際操業度の予算額と実際発生額を比較して把握される差異であり、製造間接費の変動予算が守られなかったために発生する、つまり予算管理の良否が原因で発生する差異である。

> 予算差異＝予算許容額[6]－実際発生額

操業度差異[7]　実際操業度と基準操業度を比較して把握される差異であり、生産能力が働いていないため、つまり生産設備の利用状況の良否が原因で固定費から発生する差異である。

> 操業度差異＝固定費率×（実際操業度－基準操業度）

---

6. 予算許容額は、変動費率×実際操業度＋固定費予算で求められる。
7. 不働能力差異ともいう。

能率差異　標準操業度と実際操業度を比較して把握される差異であり、能率が守られなかったために発生する、つまり作業能率の良否を測定するための差異である[8]。能率差異は、変動費に関する差異を変動費能率差異、固定費に関する差異を固定費能率差異とに分けることができる。

$$能率差異＝標準配賦率×（標準操業度－実際操業度）$$

　製造間接費の差異分析には、2分法、3分法、4分法がある。それぞれの関係は以下のとおりである。

▪ **図表4－1　各差異の関係**

4分法	2分法	3分法－①	3分法－②
予　算　差　異	管理可能差異	予　算　差　異	予　算　差　異
変動費能率差異		能　率　差　異	能　率　差　異
固定費能率差異	管理不能差異		操　業　度　差　異
操　業　度　差　異		操　業　度　差　異	

---

8. 不利差異となった場合、能率を上げて標準操業度と実際操業度が一致するようにしなければならない。

例題 5

標準原価計算を採用している当社の次の資料により、製造間接費差異を分析しなさい。なお、解答欄にある（　）内には、借方差異（不利な差異）であれば「借」、貸方差異（有利差異）であれば「貸」と示すこと。

【資料】

1．製品1個あたりの標準製造間接費は次のとおりである。

　　　　　　　　（標準配賦率）　（標準直接作業時間）
　　製造間接費　300円/時間　×　10時間　＝　3,000円
　　＊製造間接費は直接作業時間を基準に標準配賦している。

2．当月の生産実績は次のとおりである。

　　月初仕掛品　　　20個(0.5)
　　当月投入　　　　120個
　　合　　計　　　　140個
　　月末仕掛品　　　40個(0.5)
　　完成品　　　　　100個

　＊材料はすべて工程の始点で投入される。また、（　）内の数値は加工進捗度を示す。

3．当月の製造間接費の実際発生額は 350,000円である。
　（月間公式法変動予算：固定費予算額は 225,000円、変動費率@ 180円）
　※公式法変動予算とは、費目ごとに原価分解の結果を積み上げて線形的関数で公式化したものをいう。

4．当月の実際作業時間は 1,080時間である。

解答欄

製造間接費差異	円	（　　）
予算差異	円	（　　）
操業度差異	円	（　　）
能率差異	円	（　　）

⑤ 解答・解説

製造間接費差異	20,000 円（ 借 ）
予 算 差 異	69,400 円（ 貸 ）
操 業 度 差 異	95,400 円（ 借 ）
能 率 差 異	6,000 円（ 貸 ）

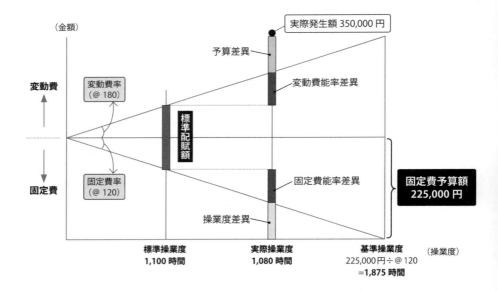

第Ⅱ部：管理会計

・標 準 操 業 度 ＝ 標準直接作業時間 × 当月投入数

  ＝ 10 時間 × 110 個 ＝ 1,100 時間

・基 準 操 業 度 ＝ 固定費予算額 ÷ 固定費率

  ＝ 225,000 円 ÷ ＠ 120 円 ＝ 1,875 時間

① 製造間接費差異 ＝（標準配賦率 × 標準操業度）－ 実際発生額

  ＝（＠ 300 円× 1,100 時間）－ 350,000 円 ＝△ 20,000 円

② 操 業 度 差 異 ＝（実際操業度 － 基準操業度）× 固定費率

  ＝（1,080 時間－ 1,875 時間）×＠ 120 円 ＝ △ 95,400 円

③ 固定費能率差異 ＝（標準操業度 － 実際操業度）× 固定費率

  ＝（1,100 時間－ 1,080 時間）×＠ 120 円 ＝ 2,400 円

④ 変動費能率差異 ＝（標準操業度 － 実際操業度）× 変動費率

  ＝（1,100 時間－ 1,080 時間）×＠ 180 円 ＝ 3,600 円

⑤ 予算差異 ＝ 固定費予算額 ＋（実際操業度 × 変動費率）－ 実際発生額

  ＝ 225,000 円＋（1,080 時間×＠ 180 円）－ 350,000 円 ＝ 69,400 円

149

練 習 問 題 ❶

標準原価計算を採用している当社の次の資料により、原価要素別に標準原価差異の差異分析をしなさい。なお、解答欄にある（　）内には、借方差異であれば「借」、貸方差異であれば「貸」と示すこと。

【資料】
1．製品Xの標準原価カード

標準原価カード			
	標 準 価 格	標 準 消 費 量	
直接材料費	400 円 /kg	2kg	800 円
	標 準 賃 率	標準直接作業時間	
直接労務費	900 円 / 時間	2 時間	1,800 円
	標 準 配 賦 率	標準直接作業時間	
製造間接費	1,600 円 / 時間	2 時間	3,200 円
製品 X 1個あたりの標準製造原価			5,800 円

2．製造間接費予算（公式法変動予算）
   変動費率　600 円 / 時間、基準操業度　16,600 時間（直接作業時間）

3．当月の生産データ

月 初 仕 掛 品	400 個(50%)
当 月 投 入	8,200 個
合　　　　計	8,600 個
月 末 仕 掛 品	600 個(50%)
完 　成　 品	8,000 個

> ＊材料はすべて工程の始点で投入される。また、（　）内の数値は加工進捗度を示す。

4．当月の実際発生額
   ①直接材料費　420 円 /kg × 17,000kg
   ②直接労務費　930 円 / 時間 × 16,500 時間
   ③製造間接費　26,580,000 円

第Ⅱ部：管理会計

解答欄

直接材料費差異	円（　　　　）
価 格 差 異	円（　　　　）
数 量 差 異	円（　　　　）
直接労務費差異	円（　　　　）
賃 率 差 異	円（　　　　）
時 間 差 異	円（　　　　）
製造間接費差異	円（　　　　）
予 算 差 異	円（　　　　）
操 業 度 差 異	円（　　　　）
能 率 差 異	円（　　　　）

解 答 ❶

直接材料費差異	580,000 円（　借　）
価 格 差 異	340,000 円（　借　）
数 量 差 異	240,000 円（　借　）
直接労務費差異	765,000 円（　借　）
賃 率 差 異	495,000 円（　借　）
時 間 差 異	270,000 円（　借　）
製造間接費差異	660,000 円（　借　）
予 算 差 異	80,000 円（　借　）
操 業 度 差 異	100,000 円（　借　）
能 率 差 異	480,000 円（　借　）

151

練 習 問 題 ❷

青空製作所の第1製造部では、部品Mを製造しており、原価管理に役立てるために標準原価計算制度を採用している。先日報告された11月の実際原価発生額は、直接材料費14,400,000円（実際消費価格@320円/個）、直接労務費4,050,000円（実際直接作業時間4,500時間）、製造間接費15,000,000円であった。製品Sの標準原価カードおよび11月の精算データは、以下のとおりである。なお、製造間接費は、公式法変動予算を採用し、変動費率@1,300円/時間、固定費予算額114,000,000円（年額）、基準操業度60,000時間（年間、直接作業時間）である。解答用紙の各原価差異を計算しなさい。なお、金額の後の（　　）内に借方差異であれば（借）、貸方差異であれば（貸）と記入すること。

【資料】

1．当月の生産データ

月 初 仕 掛 品	500 個	(40%)
当 月 投 入	2,100 個	
合 計	2,600 個	
完 成 品	2,200 個	(50%)
月 末 仕 掛 品	400 個	

＊材料はすべて工程の始点で投入される。また、（　）内の数値は加工進捗度を示す。

2．標準原価カード（製品1個あたり）

標準原価カード			
	標 準 価 格	標 準 消 費 量	
直接材料費	@ 310 円	20 個	6,200 円
	標 準 賃 率	標 準 作 業 時 間	
直接労務費	@ 1,000 円	2 時間	2,000 円
	標 準 配 賦 率	標 準 作 業 時 間	
製造間接費	@ 3,200 円	2 時間	6,400 円
製品1個あたりの標準原価			14,600 円

第Ⅱ部：管理会計

解答欄

直 接 材 料 費 差 異	円 （　　　　　）
数 量 差 異	円 （　　　　　）
価 格 差 異	円 （　　　　　）
直 接 労 務 費 差 異	円 （　　　　　）
時 間 差 異	円 （　　　　　）
賃 率 差 異	円 （　　　　　）
製 造 間 接 費 差 異	円 （　　　　　）
変 動 費 能 率 差 異	円 （　　　　　）
固 定 費 能 率 差 異	円 （　　　　　）
操 業 度 差 異	円 （　　　　　）
予 算 差 異	円 （　　　　　）

解 答 ②

直 接 材 料 費 差 異	1,380,000 円 （　借　）
数 量 差 異	930,000 円 （　借　）
価 格 差 異	450,000 円 （　借　）
直 接 労 務 費 差 異	350,000 円 （　貸　）
時 間 差 異	100,000 円 （　借　）
賃 率 差 異	450,000 円 （　貸　）
製 造 間 接 費 差 異	920,000 円 （　借　）
変 動 費 能 率 差 異	130,000 円 （　借　）
固 定 費 能 率 差 異	190,000 円 （　借　）
操 業 度 差 異	950,000 円 （　借　）
予 算 差 異	350,000 円 （　貸　）

第II部：管理会計

第5回 仕掛品勘定の記帳方法

 到達目標 標準原価計算の記帳方法（パーシャルプラン・シングルプラン）について理解する。

　標準原価計算では、完成品原価、月初および月末仕掛品原価は標準原価で仕掛品勘定に記帳する。しかし、当月製造費用（直接材料費、直接労務費、製造間接費）については、実際原価で記帳する場合（パーシャルプラン）と標準原価で記帳する場合（シングル・プラン）がある。

パーシャルプランとシングルプラン

　パーシャルプランは、完成品原価、月初および月末仕掛品原価を標準原価で計算し、当月製造費用は実際原価で複式簿記機構に組み入れる勘定記入法である。そのため、仕掛品勘定において原価差異が把握される。この記入方法は、計算事務量は少なくて済み、大量生産の場合には有効である。一方で、原価管理上の不能率の防止には困難さを伴う。

　シングルプランは、材料費、労務費、経費といった原価財の消費を標準原価で計算し、複式簿記機構に組み入れる勘定記入法である。そのため、仕掛品勘定よりも前の時点で原価差異が把握される。この記入方法は、原価差異の把握と分析が迅速にでき、原価差異も頻繁に算定可能であり、原価管理上優れている。一方で、計算事務量は多くなる。

原価差異の会計処理

月次で計算された原価差異は、年間を通して集計されて不利な差異と有利な差異とを相殺されるが、会計年度末になっても、相殺されずに原価差異が残ってしまった場合には、次のように処理する。管理不能な異常な差異は、非原価項目として特別損失で処理する。一方で管理可能な差異は、損益計算上において売上原価に賦課する。

次の資料に基づき、①パーシャルプランおよび②シングルプランそれぞれの場合の仕掛品勘定に記帳しなさい。

【資料】
1. 生産データ

月初仕掛品	800個($\frac{1}{2}$)
当月投入	7,200個
合計	8,000個
完成品	7,000個
月末仕掛品	1,000個($\frac{4}{5}$)
合計	8,000個

＊材料はすべて工程の始点で投入される。また、(　)内の数値は加工進捗度を示す。

2. 標準原価カード（製品1個あたり）

標準原価カード

	標準価格	標準消費量	
直接材料費	@50円	2kg	100円
	標準賃率	標準直接作業時間	
直接労務費	@300円	0.5時間	150円
	標準配賦率	標準直接作業時間	
製造間接費	@500円	0.5時間	250円
製品1個あたりの標準原価			500円

3. 当月の実際原価データ
   直接材料費　790,520円、　直接労務費　1,050,000円、
   製造間接費実際発生額　1,875,000円

解答欄

①パーシャルプラン

仕 掛 品
(単位：円)

前 月 繰 越	( )	製 　 　 品	( )
材 　 　 料	( )	直接材料費差異	( )
賃 金 給 料	( )	製造間接費差異	( )
製 造 間 接 費	( )	次 月 繰 越	( )
直接労務費差異	( )		
	( )		( )

②シングルプラン

仕 掛 品
(単位：円)

前 月 繰 越	( )	製 　 　 品	( )
材 　 　 料	( )	次 月 繰 越	( )
賃 金 給 料	( )		
製 造 間 接 費	( )		
	( )		( )

---

6 解答・解説

①パーシャルプラン

仕 掛 品
(単位：円)

前 月 繰 越	(240,000)	製 　 　 品	(3,500,000)
実際原価 ┌ 材 　 　 料	(790,520)	直接材料費差異	(70,520)
├ 賃 金 給 料	(1,050,000)	製造間接費差異	(25,000)
└ 製 造 間 接 費	(1,875,000)	次 月 繰 越	(420,000)
直接労務費差異	(60,000)		
	(4,015,520)		(4,015,520)

②シングルプラン

仕 掛 品
(単位：円)

前 月 繰 越	(240,000)	製 　 　 品	(3,500,000)
材 　 　 料	(720,000)	次 月 繰 越	(420,000)
賃 金 給 料	(1,110,000)		
製 造 間 接 費	(1,850,000)		
	(3,920,000)		(3,920,000)

第Ⅱ部：管理会計

以下、は標準原価で計算。（パーシャルプラン、シングルプランともに）

前月繰越：（材　　料）@ 100 円× 800 個＝　80,000 円 ⎫
　　　　　（賃 金 給 料）@ 150 円× 400 個＝　60,000 円 ⎬ 240,000 円
　　　　　（製造間接費）@ 250 円× 400 個＝ 100,000 円 ⎭

製　　品：@ 500 × 7,000 個＝ 3,500,000 円

次月繰越：（材　　料）@ 100 円× 1,000個＝ 100,000 円 ⎫
　　　　　（賃 金 給 料）@ 150 円×　800 個＝ 120,000 円 ⎬ 420,000 円
　　　　　（製造間接費）@ 250 円×　800 個＝ 200,000 円 ⎭

①パーシャルプラン

当月投入の材料、賃金給料、製造間接費は実際原価で求める。

※差異は、標準原価－実際原価で求める。

直接材料費差異＝　720,000 円－　790,520 円＝ 70,520 円（貸）
直接労務費差異＝ 1,110,000 円－ 1,050,000 円＝ 60,000 円（借）
製造間接費差異＝ 1,850,000 円－ 1,875,000 円＝ 25,000 円（貸）

②シングルプラン

当月投入の材料、賃金給料、製造間接費は標準原価で求める。

当月投入：（材　　料）@ 100 円× 7,200 個＝　720,000 円
　　　　　（賃 金 給 料）@ 150 円× 7,400 個＝ 1,110,000 円
　　　　　（製造間接費）@ 250 円× 7,400 個＝ 1,850,000 円

┤練┃習┃🎓┃問┃題├

　当社は標準原価計算制度を採用している。次の資料に基づき、パーシャルプランによる仕掛品勘定および製品勘定の記入を行い、標準原価差異の差異分析をしなさい。なお、原価差異については、借方差異、貸方差異を示すこと。

【資料】

1. 製品Y標準原価カード

標準原価カード			
	標 準 価 格	標 準 消 費 量	
直接材料費	100円/kg	5kg	500円
	標 準 賃 率	標準直接作業時間	
直接労務費	200円/時間	10時間	2,000円
	標 準 配 賦 率	標準直接作業時間	
製造間接費	300円/時間	10時間	3,000円
製品1個あたりの標準製造原価			5,500円

2. 製造間接費の予算額（年間）は次のとおりである。
　製造間接費予算額　4,320,000円（変動費率　100円/時間、固定費予算額 2,880,000円）
　基準操業度　14,400時間（年間）

　＊製造間接費は直接作業時間を基準として標準配賦している。なお、製造間接費の差異分析は公式法変動予算を用いて四分位法で行っている。

3. 当月の生産データ

月 初 仕 掛 品	20個(0.5)	月 初 製 品	20個
当 月 投 入	120個	当 月 完 成	100個
合　　　　計	140個	合　　　　計	120個
月 末 仕 掛 品	40個(0.5)	月 末 製 品	10個
完 　 成 　 品	100個	当 月 販 売	110個

　＊材料はすべて工程の始点で投入される。また、（　　）内の数値は加工進捗度を示す。

4. 当月の実際発生額
　①直接材料費　　68,200円（110円/kg × 620kg）
　②直接労務費　　226,800円（210円/時間× 1,080時間）
　③製造間接費　　358,000円

5. 原価差異については当月の売上原価に加減算するものとする。

158

第Ⅱ部：管理会計

解答欄

仕 掛 品
(単位：円)

前 月 繰 越	（　　　　　　）	製　　　　　品	（　　　　　　）
材　　　　　料	（　　　　　　）	直接材料費差異	（　　　　　　）
賃　　　　　金	（　　　　　　）	直接労務費差異	（　　　　　　）
製 造 間 接 費	（　　　　　　）	製造間接費差異	（　　　　　　）
		次 月 繰 越	（　　　　　　）

製 品
(単位：円)

前 月 繰 越	（　　　　　　）	売 上 原 価	（　　　　　　）
仕 掛 品	（　　　　　　）	次 月 繰 越	（　　　　　　）

解 答

仕 掛 品
(単位：円)

前 月 繰 越	（　　60,000）	製　　　　　品	（　550,000）
材　　　　　料	（　　68,200）	直接材料費差異	（　　8,200）
賃　　　　　金	（　226,800）	直接労務費差異	（　　6,800）
製 造 間 接 費	（　350,000）	製造間接費差異	（　20,000）
		次 月 繰 越	（　120,000）

製 品
(単位：円)

前 月 繰 越	（　110,000）	売 上 原 価	（　605,000）
仕 掛 品	（　550,000）	次 月 繰 越	（　55,000）

1．生産データの整理

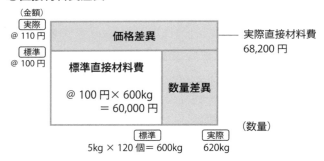

2．ボックス図

①直接材料費差異

直接材料費差異＝標準直接材料費－実際直接材料費
　　　　　　＝60,000円－68,200円＝△8,200円

②直接労務費差異

直接労務費差異＝標準直接労務費－実際直接労務費

$= 220,000 円 - 226,800 円 = △6,800 円$

③製造間接費差異

製造間接費差異＝標準配賦額－実際配布額（製造間接費）

$= @300 円 \times 1,100 時間 - 358,000 円 = △28,000 円$

（標準配布率）

第II部：管理会計

第6回 直接原価計算

 到達目標　直接原価計算の意義・計算構造そして利用目的について理解する。

1 全部原価計算と部分原価計算

全部原価計算とは、伝統的原価計算方法であり、企業が当該期間に達成する利益について、そこに費やされた原価はそれぞれ優劣があるわけでなく、全て同質とみなして（その利益を貢献するためには同じように貢献したとして）、全ての原価を集計する原価計算である。全部原価計算では、製造から販売までの実際に発生したコストを集計する実際原価計算と標準原価計算がある。製造業を始めとする企業では、全部原価計算を行うことが多いが、**部分原価計算**である**直接原価計算**を実施する企業も少なくはない。全部原価計算と部分原価計算とでは、集計する原価が異なる。

全部原価計算における利益計算の問題点

全部原価計算では、すべての製造原価を製品原価に算入するため、売上高が増加したからといって必ずしも利益が増加するとは限らず、逆に売上高が減少しても利益が増加することもある。固定費を実際配賦で計算したとしても、正常配賦で計算したとしても、売れる見込みのない製品を多く製造すれば、利益を大きくみせることが可能となる。

直接原価計算とは

直接原価計算[9]とは、製造原価、販売費および一般管理費を変動費と固定費に区分し、売上高から変動費を差し引いて**貢献利益**[10]を計算し、その貢献利益から固定費を差し引いて営業利益を計算するシステムである。したがって、直接原価計算では売上高の変化に応じて原価の変化が分かるため、短期の利益計画に有用な原価・営業量・利益分析（CVP分析）やセグメント別の収益性に必要な情報を得ることができる。

直接原価計算では、製造原価についてその回収に優先順位をつけている。直接材料費のような変動費はすぐに回収して再生産のために調達をする必要がある。一方で、減価償却費のような固定費はすぐに回収しなくてもよいため、変動費の後ということになる。つまり、直接原価計算の損益計算書は、変動費を先に回収して、固定費を貢献利益の額で回収しようという考えからきたものであることから、原価の回収が優先される。

計算構造と損益計算書

全部原価計算では、製造原価はすべて製品原価に含めてその製品が販売されたときに、売上原価としてその製品が販売された期間の収益である売上高とに対応させる。また、販売費および一般管理費は、それが発生した期間の費用として処理され、その期間の収益に対応させる。

直接原価計算では、製造原価のうち変動費（変動製造原価）についてはその製品が販売されたときに、製品原価に含めて売上原価としてその期間の収益である売上高と対応させる。製造原価のうち固定費（固定製造原価）、販売費および一般管理費は、それが発生した期間の費用として処理され、その期間の収益に対応させる。

---

9. 原価計算史上初めて直接原価計算に関する論文を発表したのは，1936年のハリスの「我々は先月いくら儲けたか」である（Harris, J. N(1936),." What Did We Earn Last Month?" NACA Bulletin.）。
10. 貢献利益は、固定費の回収と利益の実現に貢献する利益である。限界利益ということもある。

③ 全部原価計算と直接原価計算による営業利益の相違

　全部原価計算と直接原価計算では、(1) 生産と販売の関係 (2) 全部原価計算による操業度差異の処理方法により、営業利益に違いがでる。

直接原価計算による損益計算書

Ⅰ	売上高	×× ×
Ⅱ	変動費	×× ×
	貢献利益	×× ×
Ⅲ	固定費	×× ×
	営業利益	×× ×

(1) 生産と販売の関係

　製造原価のうち固定製造原価は、全部原価計算では製品原価として処理されるのに対し、直接原価計算では期間原価として処理する。そのため、在庫に含まれる固定製造原価の額だけ、1期間の収益に対応される固定製造原価の額が異なり、その分だけ営業利益の額が異なる。

　両計算方法において、営業利益が一致するのは、生産量と販売量が等しい場合、あるいは期首在庫量と期末在庫量が等しい場合に限る。

① 生産量＞販売量の場合…期首在庫量＜期末在庫量

　当期に発生した固定費が在庫を通じて次期以降に繰り延べられるため、当期の収益に対応させる固定費は、全部原価計算の方が小さくなる。そのため、この場合には、全部原価計算の営業利益の方が直接原価計算よりも大きくなる。

② 生産量＜販売量の場合…期首在庫量＞期末在庫量

　前期から繰り延べられた固定費の分だけ、より多くの固定費が当期の収

益に対応させられるため、全部原価計算の営業利益の方が直接原価計算よりも小さくなる。

全部原価計算による営業利益 − 直接原価計算による営業利益

$$= \left(\begin{array}{c} \text{期末在庫高に含まれる} \\ \text{固定製造原価} \end{array}\right) - \left(\begin{array}{c} \text{期首在庫高に含まれる} \\ \text{固定製造原価} \end{array}\right)$$

= 製品単位当たり固定製造原価 ×（期末在庫量 − 期首在庫量）

(2) 全部原価計算による操業度差異の処理方法

　正常配賦などの予定配賦を行って操業度差異を売上原価に賦課した場合、有利な操業度差異が生じれば、全部原価計算の利益の方が大きくなり、不利な操業度差異が生じれば、全部原価計算の利益の方が小さくなる。

4　固定費調整

　直接原価計算は、経営管理上有用であるが、①原価を固定費と変動費とに分解することが困難であること②貸借対照表上の棚卸資産価額が一般に公正妥当なものと承認されていないという上記の理由により、外部に公開される財務諸表には用いることができない。そのため、直接原価計算で作成された損益計算書の営業利益は全部原価計算の営業利益に調整する必要がある[11]。この調整計算を**固定費調整**という。

	直接原価計算による営業利益	××××
＋	期末在庫高に含まれる固定製造原価	××××
－	期首在庫高に含まれる固定製造原価	××××
	全部原価計算による営業利益	××××

第Ⅱ部：管理会計

第7回 原価の固変分解とCVP分析（1）

到達目標 原価の固変分解について理解する。また、損益分岐点分析の意義について学習する。

1 原価の固変分解

　原価を操業度の変化とともに変動する変動費と操業度が変化しても一定である固定費とに分解することを**原価の固変分解**という。原価の固変分解の方法としては、一般に以下のものが考えられる。

① 費目別精査法

　勘定科目を費目ごとに精査して、固定費か変動費かに帰属させる方法である。この方法は簡便なため、日本では多くの企業が採用しているが、原価分解が恣意的になるという欠点がある。

② 高低点法

　過去の実績データのうち、その費目の最高の営業量のときの実績データと最低の営業量のときの実績データから、原価の推移を直線とみなし、変動費と固定費とに分解する方法である。ただし、正常操業圏内にあるものとし、ここに該当しないものは、除外する。しかし、最高と最低の営業量の2点でもって全体の原価の推移を把握するため正確性には欠ける。

③ スキャッター・チャート法

　過去の実績データをグラフに記入し、目分量でその記入した点の真ん中を通る直線を引いて、それに基づいて固定費と変動費を計算する方法である。高低点法よりもデータ数が多いので優れてはいるものの、目分量で直線を引くために客観性に欠ける。

④ 最小二乗法

　最小二乗法は、スキャッター・チャート法において目分量で引いた直線について回帰分析法を用いて求める方法である。原価総額を y、操業度を x、固定費額を a、変動費率を b、データ数を n とし、

$$\begin{cases} \Sigma\, y = na + b\, \Sigma\, x \\ \Sigma\, xy = a\, \Sigma\, x + b\, \Sigma\, x^2 \end{cases}$$

の連立方程式を解いて、y = a + bx で表現される 1 次方程式の a と b を算定する。

⑤ IE 法

　投入量と産出量との関係を工学的に測定して、発生すべき原価を予測する方法である。技術的には、かなり高度な手法であるため、時間とコストがかかる。しかし、前述の①〜④の方法が過去の実績データにもとづく方法であるのに対して、この方法は工学的な分析から固定費と変動費とを計算することができる。

例題7

最近半年間の実際製造原価にもとづき、高低点法による原価分解を行い、機械作業時間あたりの変動費率と月間固定費を計算しなさい。また、来月（7月）の機械作業時間が150時間と予想された場合の原価発生額を予想しなさい。なお、当社の正常操業圏は月間40機械作業時間から250機械作業時間である。

【資料】

	機械作業時間	製造原価
1月	100 時間	1,400 円
2月	50 時間	1,200 円
3月	150 時間	2,400 円
4月	200 時間	2,700 円
5月	180 時間	2,500 円
6月	90 時間	1,300 円

解答欄

機械作業時間あたりの変動費率	円／時間
月間固定費	円
来月の原価発生予想額	円

第Ⅱ部：管理会計

⑦ 解答・解説

$$\text{変動費率} = \frac{\text{最高の製造原価} - \text{最低の製造原価}}{\text{最高の機械作業時間} - \text{最低の機械作業時間}}$$

$$= \frac{2,700\,円 - 1,200\,円}{200\,時間 - 50\,時間}$$

$$= 10\,円／時間$$

固定費 ＝ 最高の製造原価 － 変動費率 × 最高の機械作業時間

$$= 2,700\,円 - 10\,円／時間 \times 200\,時間 = 700\,円$$

もしくは、**最近の製造原価－変動費率×最低の機械作業時間**

$$= 1,200\,円 - 10\,円／時間 \times 50\,時間 = 700\,円$$

でも求められる。

来月の原価発生予想額＝ 10 円／時間× 150 時間＋ 700 円＝ 2,200 円
　　　　　　　　　　　　　　変　動　費　　　　固定費

機械作業時間あたりの変動費率	10 円／時間
月間固定費	700 円
来月の原価発生予想額	2,200 円

169

練習問題

　以下の資料にもとづき、高低点法による原価分解を行いなさい。なお、当社の正常操業圏は月間製品生産量 3,000 個から 5,000 個である。

【資料】

	生産量	製造原価
2 月	3,400 個	7,055,000 円
3 月	3,020 個	6,530,000 円
4 月	3,200 個	6,850,000 円
5 月	4,450 個	8,825,500 円
6 月	5,100 個	9,584,000 円
7 月	4,800 個	9,066,800 円

解答欄

変動費率	円／時間
月間固定費	円

解答解説

変動費率	1,430 円／時間
月間固定費	2,211,400 円

※ 6 月は正常操業圏内に入っていないので、除外する。最高（7 月）、最低（3 月）で求める。

損益分岐点分析

損益分岐点分析とは、狭義には売上高と総原価が一致し、利益も損失も生じない点、すなわち損益分岐点（break even point）を算定することを意味する。しかし今日では、損益分岐点分析を広義に捉えて、**原価 (cost)・営業量 (volume)・利益 (profit)** 関係を分析する概念であると考えるのが一般的である。損益分岐点分析は、過去のデータから事後的な分析に利用したり、次年度の予算における短期利益計画を設定したりする際に利用される。損益分岐点分析では、売上高が2倍になったとき利益がどのように変化するか、また翌年度の目標利益を獲得するためにはどれくらいの売上高が必要かを分析することができる。

損益分岐点分析においては、一義的な原価・営業量・利益関係を達成するために、以下のような仮定を前提条件としておく必要がある。

①製品単位当たりの価格は一定である。
②期間の固定費は一定である。
③変動費は営業量に比例して変動する。
④多品種の製品が存在する場合、その製品組み合わせの割合は一定である。
⑤生産量と販売量は等しい。

①〜③の仮定は、売上高線と総原価線を直線で描くための条件である。④の仮定は、多品種製品を生産している場合には、製品の総販売量が同一であっても、各製品の構成割合が変化することで、複数の損益分岐点が算出されることになるために必要となる仮定である。⑤の仮定は、利益に影響を及ぼす要因が販売量だけでなく、生産量も含まれることになるために必要となる仮定である。

第8回 CVP分析（2）

第Ⅱ部：管理会計

 損益分岐点分析を理解し、計算ができるようになる。

1 損益分岐点分析の計算式

① 損益分岐点における売上高、販売量

　損益分岐点とは、売上高と総原価が一致し、利益も損失も生じない点である。損益分岐点における売上高は、操業度が損益分岐点にあると仮定したときの売上高をいい、損益分岐点における販売量は、操業度が損益分岐点にあると仮定したときの販売量をいう。損益分岐点における売上高および販売量は以下のように求めることができる。

$$\text{損益分岐点における売上高} = \frac{\text{固定費}}{1 - \dfrac{\text{変動費}}{\text{売上高}}} = \frac{\text{固定費}}{1 - \text{変動費率}}$$

$$= \frac{\text{固定費}}{\text{貢献利益率}}$$

$$\text{損益分岐点における販売量} = \frac{\text{固定費}}{\text{販売価格} - \dfrac{\text{変動費}}{\text{売上高}}}$$

　売上高に対して占める変動費の割合を変動費率という。また、（1－変動費率）を貢献利益率という。したがって、変動費率と貢献利益率を足すと100％となる。

② 目標営業利益を達成するための売上高

目標営業利益を達成するための売上高は、固定費に目標営業利益を加算して、以下のように求めることができる。

$$\text{目標営業利益を達成するための売上高} = \frac{\text{固定費} + \text{目標営業利益}}{1 - \dfrac{\text{変動費}}{\text{売上高}}}$$

③ 目標営業利益率を達成するための売上高

目標営業利益率は、売上高に対する営業利益の割合を示すものであり、これを達成するための売上高は以下のように求めることができる。

$$\text{目標営業利益率を達成するための売上高} = \frac{\text{固定費}}{\left(1 - \dfrac{\text{変動費}}{\text{売上高}}\right) - \text{目標営業利益率}}$$

④ 安全余裕率

安全余裕率は、企業経営の安全性を現在の売上高と損益分岐点における売上高との関連で測定した比率であり、現在の売上高から損益分岐点における売上高までどれくらい余裕があるかを示すものである。したがって、安全余裕率が高いほど安全性が高いことを示し、販売予想が外れたとしても損益分岐点を割り込むリスクが低いことを示す。安全余裕率は、以下のように求めることができる。

$$\text{安全余裕率} = \frac{\text{売上高} - \text{損益分岐点における売上高}}{\text{売上高}} \times 100$$

⑤ 損益分岐点比率

損益分岐点比率は、損益分岐点における売上高が現在の売上高の何％の水準であるかを示すものであり、以下のように求めることができる。

$$損益分岐点比率 = \frac{損益分岐点における売上高}{売上高} \times 100$$

損益分岐点比率＋安全余裕率は 100％である。

【補足】損益分岐点分析の損益計算書による求め方

① 損益分岐点における売上高

損益分岐点における売上高とは、営業利益がゼロの売上高、つまり売上高と原価（変動費と固定費）が同額になる売上高をいう。損益計算書から求める場合、営業利益がゼロであるから、固定費＝貢献利益となる。

```
        売 上 高
  ー） 変 動 費
        貢 献 利 益
  ー） 固 定 費
        営 業 利 益
```

② 希望する（目標とする）営業利益を獲得する売上高とは、貢献利益が固定費と希望営業利益（目標営業利益）の合計となる売上高をいう。

損益計算書から求める場合、営業利益が希望額（目標額）となることから、固定費＋希望営業利益（目標営業利益）＝貢献利益となる。

例題 8

次の損益計算書に基づき、(1) 損益分岐点の売上高と販売量、(2) 目標営業利益 180,000 円を獲得するための売上高と販売量、(3) 安全余裕率と損益分岐点比率を計算しなさい。

【資料】

損 益 計 算 書

売　上　高	500 個×@2,000 円＝	1,000,000 円
変　動　費	500 個×@1,200 円＝	600,000 円
貢献利益		400,000 円
固　定　費		300,000 円
営業利益		100,000 円

解答欄

	売上高	販売量
(1) 損益分岐点の売上高と販売量	円	個
(2) 目標営業利益を獲得するための売上高と販売量	円	個
(3) 安全余裕率		％
損益分岐点比率		％

8 解答・解説

解答

(1) 損益分岐点の売上高と販売量	売上高 75,000 円	販売量 375 個
(2) 目標営業利益を獲得するための売上高と販売量	売上高 1,200,000 円	販売量 600 個
(3) 安全余裕率		25%
損益分岐点比率		75%

（１）損益分岐点の売上高と販売量

売 上 高	500 個×@2,000 円＝	1,000,000 円	
一）変 動 費	500 個×@1,200 円＝	600,000 円	
貢献利益		400,000 円	➡ **300,000 円**
一）固 定 費		300,000 円	
営業利益		100,000 円	➡ **0 円**

1．まずは**貢献利益率**を求める。**貢献利益率＝貢献利益／売上高**で求められるので、400,000 円/1,000,000 円 ＝ **40%**

2．損益分岐点の売上高なので、営業利益 ＝ ０円とすれば、貢献利益−固定費＝０である。

3．つまり貢献利益＝固定費から、貢献利益は 300,000 円となる。

4． 1．より貢献利益率が 40％であるから、

300,000 円 ÷ 40% ＝ 750,000 円（損益分岐点の売上高）

5．売上高＝数量×単価なので、x 個 × @ 2,000 ＝ 750,000 円
したがって、**販売量は 375 個**。

（2）目標営業利益 180,000 円を獲得するための売上高と販売量

売　上　高	500 個×@2,000 円＝	1,000,000 円	
一）変　動　費	500 個×@1,200 円＝	600,000 円	
貢献利益		400,000 円	➡ **480,000 円**
一）固　定　費		300,000 円	
営業利益		100,000 円	➡ **180,000 円**

1．**貢献利益率**は、（1）より **40%** である。

2．目標営業利益が 180,000 円なので、営業利益＝ 180,000 円とすれば

　　貢献利益－固定費＝ 180,000 円　である。

3．つまり貢献利益＝固定費＋営業利益だから、貢献利益は 480,000 円となる。

4．　1．より貢献利益率が 40% であるから、

　　480,000 円 ÷ 40% ＝ 1,200,000 円（目標営業利益の売上高）

5．売上高＝数量×単価なので、x 個×@ 2,000 ＝ 1,200,000 円

　　したがって、**販売量は 600 個**。

（3）安全余裕率と損益分岐点比率

$$安全余裕率 ＝ \frac{売上高 － 損益分岐点における売上高}{売上高} × 100$$

$$= \frac{1,000,000 円 － 750,000 円}{1,000,000 円} × 100 = 25\%$$

安全余裕率＋損益分岐点比率 ＝ 100% なので、

損益分岐点比率 ＝ 100% － 25% ＝ 75%

練 習 🎓 問 題 1

当社の今年度の売上高は 2,000,000 円、変動費は 700,000 円、固定費は 1,040,000 円と見積もられた場合、①変動費率　②損益分岐点売上高　③目標利益 520,000 円を達成するために必要な売上高を計算しなさい。

解答欄

①	％
②	円
③	円

解 答 🎓

①	35％
②	1,600,000 円
③	2,400,000 円

練 習 🎓 問 題 2

当社の今年度の売上高は 2,000,000 円、変動費は 1,000,000 円、固定費は 700,000 円と見積もられた場合、①損益分岐点売上高　②安全余裕率を計算しなさい。

解答欄

①	円
②	％

解 答 🎓

①	1,400,000 円
②	30％

第Ⅱ部：管理会計

練 習 問 題 3

あおい製作所は、製品Xを製造・販売している。製品Xに関する次の資料に基づいて、以下の（1）から（5）を計算しなさい。

【資料】

販売単価	1,000円
製品1個当たり変動売上原価	（原料費　200円、　加工費　200円）
製品1個当たり変動販売費	150円
固定製造原価（年間）	250,000円
固定販売費及び一般管理費（年間）	200,000円

(1) 貢献利益率

(2) 損益分岐点の売上高

(3) 目標営業利益 225,000 円を達成する売上高

(4) 目標営業利益率 15%を達成する売上高

(5) 現在の売上高が 1,600,000 円である場合の安全余裕率

解答欄

(1)	％
(2)	円
(3)	円
(4)	円
(5)	％

解 答

(1)	45%
(2)	1,000,000 円
(3)	1,500,000 円
(4)	1,500,000 円
(5)	37.5%

179

第 III 部
意思決定会計

意思決定会計の到達目標

　企業経営においては、さまざまな経営上の意思決定が行われるが、この意思決定に有用な原価情報を提供することも管理会計の重要な目的の1つである。意思決定会計とは、会計情報を用いて代替案を評価し選択する問題を取り扱うものである。第Ⅰ部原価計算、第Ⅱ部管理会計で学習した基礎知識をもとに、本編では、さまざまな企業の意思決定（業務的意思決定・構造的意思決定）として差額原価収益分析および設備投資の意思決定等を理解することに目標を置く。本書を通して、原価計算から管理会計、意思決定会計と順次性を保った学習をすることによって、企業内部における会計の理解は深まるであろう。

第III部：意思決定会計

第1回 意思決定会計とは

到達目標 意思決定とは何かが理解でき、意思決定のための原価概念について理解する。

1 意思決定とは

意思決定[1]とは、経営目的を達成するためにいくつかの代替案の中から最善の案を選択することである。意思決定のプロセスは、次のように行われる。①問題を認識して明確にすること（問題の設定）、②代替案を探すこと（代替案の探索）、③その代替案を評価するために情報収集と分析を行うこと、④評価結果にもとづいた代替案を選択することである。特に、③の代替案に関する情報収集・分析は、意思決定において重要な決定要因となる。意思決定をする際には、現時点での状況をもとに、その提案を採用することによって特別に増減変化するもの（関連原価）から検討する。

2 意思決定のための原価概念

数多くの代替案の中から意思決定に最適な代替案を選択するためには、それにふさわしい原価概念が適用されなくてはならない。その有用な原価とは、制度としての原価とは異なる原価であり、**特殊原価調査**[2]とされ、財務会計機構の枠外で随時的、臨時的、断片的に行われるものであるため、特殊原価と称される。意思決定目的に適合した原価を**関連原価**[3]というが、AAA は『基礎的会計理論』[4]の中で、関連原価の条件として①目的適合性②検証可能性③不偏性④量的表現可能性を挙げている。以下、特殊原価について述べる。

① 差額原価

差額原価[5]（differential cost）は、計画および意思決定においてもっとも有利な概念の1つであり、特定の意思決定によってその発生額が増減する原価である。たとえば、ある製品の材料の品質を変更する場合に、それによって材料費が変動するならば、材料の品質を変える案と変えない案との間が差額原価である。

② 埋没原価

埋没原価（sunk costs）は、過去に発生した費用で代替案の選択をする際に全く考慮する必要がない原価もしくは、回収不能な原価である。たとえば、設備の取替えが問題となる場合、旧設備の除却損が埋没原価と解釈され、新設備の原価には加算すべきではない。つまり、埋没原価は無関連原価である。

③ 機会原価

機会原価[6]（opportunity cost）は、ある特定の代替案を選択をすることによって、断念された諸代替案から得られたであろう利益の最大のものをいう。たとえば、A案とB案のどちらかを選択する場合、A案から得られる利益が5万円、B案から得られる利益が8万円だったとする。このとき、A案を採用することによって生じる機会原価は断念したB案から得られるであろう8万円の利益である。機会原価を考慮するとき、A案の採用によって獲得できる利益は5万円－8万円、つまり3万円の損失となる。つまり、A案は採用しないほうがいいということになる。

---

1. 経営意思決定とは、経営上生じた問題を解決するための企業方針の決定である。
2. ここでは「異なる目的には異なる原価を」ということが強調される。
3. 個々の事例でどの原価が意思決定に関連性をもつかということは、一般的に決定できるものではなく、そのときどきの特殊な問題状況による。
4. 飯野利夫訳(1969)『基礎的会計理論』国元書房
5. 差額原価はそれが増加である場合には増分原価、減少である場合には減分原価という。
6. 機会原価と対比される支出原価とは、貨幣支出にもとづいて測定される原価概念である。

例題 1

次の各案を選択したことによる機会原価と機会損失を求めなさい。

【資料】

	A案	B案	C案
利　益	6,000	5,800	6,500

解答欄

	機 会 原 価	機 会 損 失
A案を選択した場合	円	円
B案を選択した場合	円	円
C案を選択した場合	円	円

1 解答・解説

A案を選択した場合
機会原価：6,500円（断念したB案とC案から得られる利益額のうち最大のもの。つまりC案の6,500円）
機会損失：500円（最善案であるC案と選択したA案の利益の差額。6,500円－6,000円＝500円）

B案を選択した場合
機会原価：6,500円（断念したA案とC案から得られる利益額のうち最大のもの。つまりC案の6,500円）
機会損失：700円（最善案であるC案と選択したB案の利益の差額。6,500円－5,800円＝700円）

C案を選択した場合
機会原価：6,000円（断念したA案とB案から得られる利益額のうち最大のもの。つまりA案の6,000円）
機会損失：0円（C案は最善案であるので、損失はない）

	機 会 原 価	機 会 損 失
A案を選択した場合	6,500円	500円
B案を選択した場合	6,500円	700円
C案を選択した場合	6,000円	0円

第Ⅲ部：意思決定会計

業務的意思決定（１）
——特別注文可否の意思決定

到達目標　業務的意思決定とは何かが理解でき、そのうち特別注文可否の意思決定について学習する。

1　業務的意思決定とは

業務的意思決定[7]とは、短期的な問題に関する意思決定であり、会計期間１年の期間損益計算の発生主義会計にもとづいて分析される。業務的意思決定は、企業の基本的な経営構造を所与として、日々の業務活動[8]について具体的に立てられる。業務的意思決定では、主に以下の内容を学習する。

業務的意思決定の分類

① 特別注文可否の意思決定…新規注文を引き受けるか、断わるか。
② 内製（自製）か購入かの意思決定
③ 追加加工可否の意思決定
④ セグメントの廃止・継続の意思決定…既存の製品品種の生産販売
　　　　　　　　　　　　　　　　　　を中止するか継続するか。
⑤ 経済的発注量の計算

業務的意思決定では、差額収益分析を用いて代替案評価を行う。差額収益分析とは、意思決定に影響を及ぼす関連原価と関連収益を把握し、その代替案の比較を行うことである。そのためには、①代替案と関連のある原価データを収集し、②意思決定に関係のない埋没原価および③代替案で差がみられない原価をとり除き、④関連原価に基づいて代替案を比較する。

---
7. 戦術的意思決定である。
8. 業務活動とは、材料の購買、生産、販売などの活動をいう。

例題 2

岡山商事株式会社は、A 案か B 案のいずれかを選択しなくてはならない際に、A 案を採用することとなった。A 案を選択した場合における差額利益を求めなさい。

【資料】

	A 案	B 案
売 上 高	48,000,000 円	45,000,000 円
製造原価	25,000,000 円	35,000,000 円

解答欄

差 額 利 益	円

2 解答・解説

●差額利益とは、差額収益（関連する収益から生じる各項目の収益差額）から差額原価を差し引いたものをいう。

A 案を選択した場合における差額利益の計算

```
   売 上 高    48,000,000
 － 製造原価    25,000,000
 －※機会原価    10,000,000
   差額利益    13,000,000
```

※機会原価 = 45,000,000 円 － 35,000,000 円 = 10,000,000 円

差 額 利 益	13,000,000 円

特別注文引受可否の意思決定

　ある製品や部品を製造・販売している状況で、新規の顧客から特別注文として、特定の条件をもとに販売してくれるように依頼されるケースがある。この場合、現在の販売状況は変わらないので、固定費は無関係であり、新たに注文を受けた製品の変動費のみが関係する。新規に注文を受けることによって追加される**差額収益**と**差額原価**を比較して**差額利益**を計算し、差額利益が出るならば特別注文を引き受け、差額利益が出ないなら、特別注文を引き受けないという意思決定になる。

特別注文の差額収益 － 特別注文の差額原価 ＝ 特別注文の差額利益

⇒ 差額利益がプラス（＋）であれば特別注文を引き受ける。

特別注文の差額収益		×××
特別注文の差額原価		
変動製造原価	×××	
その他の変動費	×××	
差額固定費	×××	×××
特別注文の差額利益		×××

 例題 3

　滝口商店は、製品Qを製造・販売している。現在の製品Qの製造・販売量は6,000個であり、販売単価は500円である。今、新規の顧客から単価400円で900個購入したいとの注文が入った。この注文を引き受けるか否か検討しなさい。ただし、相手側からの注文のため、新規注文に対する販売員手数料は発生せず、当社には、この注文を引き受けるだけの生産能力はある。製造原価および販売費・一般管理費の予算データは以下の通りである。

　（製 造 原 価）　製品1個あたりの変動費　　200円／個、
　　　　　　　　　固定費　1,000,000円
　（販　　売　　費）　販売手数料　30円／個、運送費　12円／個
　（一 般 管 理 費）　固定費　100,000円

解答欄	注文を引き受ける	注文を断る

3 解答・解説

［意思決定の仮定］通常の販売価格は 500 円であり、新規注文の顧客の販売価格は 400 円である。⇒販売しない方がいいのでは…？

以下、2 つの方法（総額法と差額法）で説明する。

1. 総額法による解法

総額法では、「注文を引き受ける」場合と「注文を断る」場合の両案を比較して求める。差額の生じないものは、無関連収益、無関連原価、埋没原価となる。意思決定をする際には、その原価が関連原価なのか無関連原価なのかについて、回避可能かどうかを検討することが重要である。

	注文を引き受ける案	注文を断る案	差　額
収　益			
既存販売分	@500円×6,000＝3,000,000	@500円×6,000個＝3,000,000	―
新規注文分	@400円×900＝　360,000	―	360,000
合　　計	3,360,000	3,000,000	360,000
変動費			
製造原価	@200円×6,900※＝1,380,000	@200円×6,000＝1,200,000	180,000
販売費			
既存販売分	(@30＋12円)×6,000＝252,000	(@30＋12円)×6,000個＝252,000	―
新規注文分	@12円×900＝10,800	―	10,800
固定費			
製造原価	1,000,000 円	1,000,000 円	―
一般管理費	100,000 円	100,000 円	―
合　　計	2,742,800 円	2,552,000 円	―
利　益	617,200 円	448,000 円	169,200

※注文を引き受ける場合には、製造原価を求めるための個数は、（既存分）6,000 個＋（新規分）900 個＝ 6,900 個となる。

188

第Ⅲ部：意思決定会計

２．差額法による解法

　差額法では、「注文を引き受ける」場合と「注文を断る」場合の両案を比較して、差額が生じる関連項目のみを拾い出して求める。

差額収益	@ 400 円× 900 個＝	360,000 円
－ 差額原価（製造原価）	@ 200 円× 900 個＝	180,000 円
－　　　　　（販売費）	@　12 円× 900 個＝	10,800 円
差額利益		169,200 円

新規注文を引き受けた場合、差額利益が 169,200 円生じるので、この注文は引き受けた方が有利である。

・特別注文可否の意思決定では、総額法による解法でも差額法による解法でも答えは同じになる（会計的な素養が乏しい経営管理者には、総額法の方が理解が容易である）。

解答欄

◉　注文を引き受ける	注文を断る

189

練 習 問 題 1

　AIU 製品を製造する江頭工業株式会社は、得意先の 1 社から製品 1,000 個の追加注文の問い合わせを受けた。わが社では、生産能力には余力があるため、この注文を受けることが可能だが、得意先は追加分の購入価格を通常の 900 円から 800 円にすることを要求している。なお、AIU 製品の製造原価に関する資料は以下のとおりである。差額利益の計算により、江頭工業株式会社が、この追加注文を引き受けるべきかどうかを検討しなさい。

【資料】（月次生産数量　　　30,000 個）

直 接 材 料 費	5,400,000 円	直 接 労 務 費	10,800,000 円
変動製造間接費	6,750,000 円	固定製造間接費	3,200,000 円

解答欄

注文を引き受ける	注文を断る

【資料】の金額は、月次生産数量 30,000 個分の金額となるので、変動費に関しては、30,000 個で割り、単価を出す。

直 接 材 料 費： 5,400,000 円 ÷ 30,000 個 ＝ @ 180 円
直 接 労 務 費： 10,800,000 円 ÷ 30,000 個 ＝ @ 360 円
変動製造間接費： 6,750,000 円 ÷ 30,000 個 ＝ @ 225 円

	注文を引き受ける	注文を断る
売上高	@900円×30,000個＝27,000,000円	@900円×30,000個＝27,000,000円
引き受けた場合の売上高	@800円×1,000個＝800,000円	－
－製造原価	（@180円＋@360円＋@225円） ×31,000個＝23,715,000円	（@180円＋@360円＋@225円） ×30,000個＝22,950,000円
－固定費	3,200,000 円	3,200,000 円
利　益	885,000 円	850,000 円

解答

追加注文を引き受ければ、利益が 885,000 円 － 850,000 円 ＝ 35,000 円増加する。

● 注文を引き受ける	注文を断る

練 習 問 題 2

　ある会社では、A製品を生産・販売しており、現在、次期の利益計画を策定中である。当社の生産能力は 13,000 個であるのに対して、次期の生産販売量は 10,000 個にとどまる見通しである。そのときの損益は次のように見積もられた。

売上高	@1,600円×10,000個 =	16,000,000円
－売上原価	@1,050円×10,000個 =	10,500,000円
売上総利益		5,500,000円
－販売費および一般管理費		1,800,000円
営業利益		3,700,000円

【資料】

① 当社は、仕掛品および製品の在庫は持たない方針である。

② 製品単位原価の内訳は、次のとおりである。

直接材料費	@	250円
直接労務費	@	200円
製造間接費	@	600円
計	@	1,050円

　なお、製造間接費は、生産量を基準として配賦している。次期の生産販売量に対する発生額は、7,000,000 円（うち変動費 2,000,000 円、固定費 5,000,000 円）と見積もられた。

③ 販売費および一般管理費の内訳は次のとおりである。

変動販売費	@120×10,000個 =	1,200,000円
固定販売費		400,000円
固定一般管理費		600,000円
計		2,200,000円

　ここで、当社に「A製品を@ 1,100 で 2,000 個欲しい」との引き合いがあった。この注文は、商社を通じており、変動販売費は手数料として@ 30 円を支払うだけ

第Ⅲ部：意思決定会計

で済む。ただし、最終顧客が海外企業であるため、アフターサービスのための現地駐在員を置く必要があり、それによって固定販売費が 150,000 円だけ増加する。

この注文は引き受けるべきか、否かを検討しなさい。

解答欄

注文を引き受ける	注文を断る

解答 🎓 解説

・差額法による解法…新規注文に対する分だけを計算

差額収益		@1,100円×2,000個 ＝	2,200,000円
－ 差額原価	（製造原価）	@650円[※1]×2,000個 ＝	1,300,000円
	（販売費）	@ 30円[※2]×2,000個 ＝	60,000円
－ 固 定 費			150,000円[※3]
差額利益			**690,000円**

※1 【資料】②の製品単位原価 @1,050 円の内訳のうち、変動費は直接材料費@ 250 円、直接労務費@ 200 円と、製造間接費の@ 200 円である。製造間接費の変動費は 2,000,000 円なので、2,000,000 円÷ 10,000 個＝@ 200 円となる。従って、製造原価の変動費は、@ 250 円＋@ 200 円＋@ 200 円＝@ 650 円である。

※2 【資料】③によれば、変動販売費は@ 120 円であるが、新規分は手数料の@ 30 円だけである。

※3 【資料】③によれば、新規注文には、アフターサービスのための現地駐在員にかかる固定販売費 150,000 円が必要となる。新規注文だけに必要な固定費は計算に含める。

新規注文を引き受けた場合、差額利益が **690,000 円** 生じるので、この注文は**引き受けた方が有利**である。

◉ 注文を引き受ける	注文を断る

第III部：意思決定会計

第3回 業務的意思決定（2）
——内製（自製）か購入かの意思決定

 到達目標 内製（自製）か購入かの意思決定を理解し、計算ができるようになる。

1 内製（自製）か購入かの意思決定

　ある製品や部品を製造・販売している状況で、その製品や部品を内製（自製）すべきか、外注の供給者から購入するべきかといった意思決定をするケースがある。自社の工場で製品を製造しているが、遊休時間が生じる場合には、この遊休時間[9]を利用して、これまで外部から購入していた部品を、内製（自製）した方がいいケースもある。これについて内製するか、購入する方が有利かについては、**差額原価**を利用して求める。その結果、内製の差額原価から購入の差額原価を控除して関連原価を計算し、安い方がいいという意思決定になる。

外注する場合の関連原価		×××
内製する場合の関連原価		
製造直接費	×××	
製造間接費	×××	×××
差　額　原　価		×××

---

9. アイドルタイムとも言われ、生産設備等が稼働せずに、空いてる時間のことをいう。

例題 4

内田産業株式会社は、A 部品 500,000 個を 1 個あたり 70 円で自製しているが、同じ部品を単価 74 円で外部から購入することもできることから、外注への切り替えを検討中である。なお、外注の場合はこれまで部品を生産していたライン設備に関連する固定費 2,500,000 円が削減できる。自製を続けるか、それとも外注に切り替えるかを関連原価分析により判定しなさい。

解答欄

自製の場合	外注の場合

4 解答・解説

［意思決定の仮定］自製は＠70円、外注（外部からの購入）は＠74円であるから、自製の方がコスト的に安い⇒自製のままでいいのでは…？

外注をすれば、自社では製造しなくて済むことになるから、設備に関連する固定費 2,500,000 円が不必要となる。

自製の場合：＠70 円 × 500,000 個 ＝ 35,000,000 円

外注の場合：＠74 円 × 500,000 個 ＝ 37,000,000 円
　　　　　　　　　　　　　　　－ 2,500,000 円
　　　　　　　　　　　　　　　　34,500,000 円

自製の場合 35,000,000 円 ＞ 外注の場合 34,500,000 円
外注にした方が 500,000 円（35,000,000 円 － 34,500,000 円）安いので、外注にすべきである。

自製の場合	◉　外注の場合

以下の資料にもとづいて、下記の設問に答えなさい。

(1) 甲製造部門では、部品Qを製造しており、1個製造するのに要する製造原価は次のように予定されている。
　　直接材料費　　　　　　　　　　　5,000 円
　　直接労務費　　1,000 円 × 3 時間 ＝ 3,000 円
　　製造間接費　　 900 円 × 3 時間 ＝ 2,700 円
　　　　　　　　　　　　　　　　　　10,700 円

(2) 製造間接費変動予算は、変動費率が 250 円／時、固定費月間予算が 10,000,000 円、月間正常機械作業時間が 20,000 時間である。

(3) さて、予算編成において、甲製造部門において月間 2,000 機械作業時間が遊休であることが見込まれた。そこで、この遊休時間を利用して、現在外部から購入している部品Pを自製すべきかを検討することとした。

(4) 部品Pの月間必要量は 800 個であり、1 個の製造には 2 直接作業時間および 2 機械作業時間を必要とする。部品Pを製造するためには、現在の労働力に余裕がないので、臨時工（900 円／時）を雇うこととなる。また、部品Pの直接材料費は 1 個あたり 4,800 円と見積られる。

(5) 部品Pは 1 個あたり 7,500 円で購入できる。

設問 1 資料にもとづき、部品Pは自製と購入のどちらが有利であるかを判断しなさい。

設問 2 次の条件を追加する。
部品Pを自製するには特殊機械が必要となり、その年間賃借料は 200,000 円である。このとき、部品Pの月間必要量が何個以上であ

れば、自製が有利であるか判断しなさい。

設問 3 さらに、次の条件を追加する。

(1) 部品 P を購入する場合には、月間 2,000 時間の遊休時間を従来外部より購入していた部品 Q の製造に充当する。

(2) 部品 Q を自製する場合には、臨時工（600 円／時）を雇う。

(3) 部品 Q の市価は 1 個あたり 4,000 円である。

(4) 部品 Q の必要量は月間 800 個であり、自製する場合の見積変動製造原価は次のとおりである。この場合、部品 P は内製、購入のどちらが有利であるか判断しなさい。

	1 個あたり
直 接 材 料 費	1,100 円
直 接 労 務 費　600 円 / 時 × 2 時間 =	1,200 円
変動製造間接費　300 円 / 時 × 2 時間 =	600 円
	2,900 円

解答欄

設問 1

自製の場合	外注の場合

設問 2

（　　　　　）個以上であれば自製が有利である。

設問 3

自製の場合	外注の場合

5 解答・解説

設問1 部品Pの月間必要量は800個であるので、自製することで追加的に発生する原価と、これを外部から購入した場合に発生する原価とを比較し、原価が低くなる方を見つける。

①資料（3）より遊休時間が2,000時間あることから、この時間内に部品Pの年間必要量800個が製造できるかを検討する。資料（4）より製品を1個作るのに2時間要することから、何個製造可能かを計算すると、2,000時間÷2時間/個＝1,000個となる。したがって、部品Pの必要量は自製できることがわかる。

②遊休生産能力を有効利用、つまり既存の生産能力を利用するため、固定製造間接費は、意思決定上問題とならない。

③つまり、部品Pの変動製造原価と購入原価の比較をすればよい。

自製：（＠4,800円 ＋ ＠900円×2時間※ ＋ ＠250円×2時間）×800個
　　　　　 直接材料費　　　　　　直接労務費　　　　　　　変動製造間接費
　　　＝ 5,680,000円

※資料（4）より、部品Pの1個の製造には、2直接作業時間および2機械作業時間を必要とするため、直接労務費と変動製造間接費に2時間を乗ずる。

購入：＠7,500円×800個＝6,000,000円

自製 5,680,000円 ＜ **購入** 6,000,000円

　　　6,000,000円－5,680,000円＝320,000円

（解答）自製する方が320,000円だけ原価が低くなり、有利である。

◉　自製の場合	外注の場合 （購入）

第Ⅲ部：意思決定会計

設問 2 追加条件より、部品 P を自製する場合には特殊機械の賃借料 200,000 円が必要となるので、この条件を加える。

・部品 P の月間必要量を x 個とする。

> **自製：**(@ 4,800 円 ＋ @ 900 円× 2 時間 ＋ @ 250 円× 2 時間)
> 　　　× x 個＋ 200,000 円
> 　　　　　　　　賃借料
> 　　　= 7,100 x ＋ 200,000 円

> **購入：** @ 7,500 × x 個　=　7,500x

自製案に関する原価 ＜ 購入案に関する原価で求められるので、
　　　$7,100\,x + 200,000 < 7,500x$
　　　$7,100\,x - 7,500\,x < - 200,000$
　　　$- 400\,x < - 200,000$
　　　$\therefore x > 500$

（解答）501 個以上であれば自製する方が有利である。

設問 3 資料(4)より部品 Q の必要量は、800 個である。製品を 1 個作るのに 2 時間かかることから、何個製造可能かを計算すると、2,000 時間÷ 2 時間 / 個＝ 1,000 個となる。したがって、部品 Q の必要量は自製できることがわかる。

・遊休生産能力の利用に関して、どの組み合わせがよいのかを検討する。パターンは以下の 2 つである。

199

パターン1 部品Pを自製し、部品Qを購入する場合

部品P ：@ 7,100 × 800 個＋ 200,000 円 ＝ 5,880,000 円

部品Q ：@ 4,000 × 800 個 ＝ 3,200,000 円

＝ **9,080,000 円**

パターン2 部品Pを購入し、部品Qを自製する場合

部品P ：@ 7,500 × 800 個 ＝ 6,000,000 円

部品Q ：@ 2,900 × 800 個 ＝ 2,320,000 円

＝ **8,320,000 円**

（**比較**）9,080,000 円－ 8,320,000 円＝ **760,000 円**

（**解答**）**部品Pを購入し、部品Qを自製する方が原価が 760,000 円低く有利になる。**

◉　自製の場合	外注の場合

第Ⅲ部：意思決定会計

業務的意思決定（3）
―追加加工可否の意思決定

 到達目標　追加加工可否の意思決定を理解し、計算ができるようになる。

1 追加加工可否の意思決定

　追加加工可否の意思決定とは、既存製品を追加加工して別製品として販売可能な場合に、追加加工すべきかどうかの意思決定である。追加加工するか、そのまま販売したほうがいいのかについては、追加加工することによってより高い価格で販売でき、利益が生じる場合である。差額収益と追加加工することによって発生する差額原価を比較し、差額利益を計算し、差額利益がプラスであれば追加加工する案を選択するという意思決定になる。

　半製品とは、製品の製造途中の品物のことで、製品は完成していないが、貯蔵しており、外部へ販売は可能である。一方、**仕掛品**も同じく、製品の製造途中の品物のことであるが、外部販売はできない。工程中という意味合いである。

　連産品とは、同一原材料、同一工程から不可避的に派生する異種製品で合って、その主従を相互に区別できないものをいう。たとえば、牛を１頭解体すると、必ず、ロース、カルビ、牛タンなどがでてくる。また、原油からは重油や軽油、ガソリン、灯油などが精製されるなどである。

例題6

下記の設問に答えなさい。

大分工業株式会社は、取引先から自社製品Xを半製品の状態で、1個あたり970円で購入したいとの問い合わせを受けた。この半製品の見積製造原価は1個あたり420円で、取引先は半製品を5,000個購入する予定である。また、この製品を完成まで加工するには1個あたり250円の追加加工費が生じるが、完成品としての販売単価は1,200円である。大分工業株式会社は、追加加工し完成品として販売するのと、半製品のまま販売するのとでは、どちらが有利かを検討しなさい。

解答欄

完成品として販売	半製品のまま販売

6 解答・解説

　半製品とは、製品の製造途中のものをいう。製品としては、未完成なものなので、さらに加工して製品（＝完成品）になる。また、仕掛品も製品の製造途中のもので、さらに加工して製品（＝完成品）となる。半製品と仕掛品の違いは、製造途中でも販売できるかどうかにある。

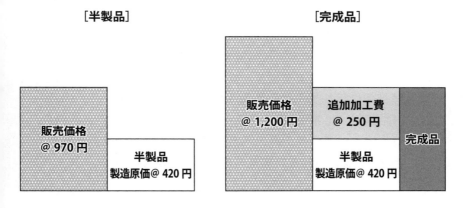

	半 製 品	完 成 品
売上高	@970円×5,000個＝4,850,000円	@1,200円×5,000個＝6,000,000円
－製造原価	@420円×5,000個＝2,100,000円	@420円×5,000個＝2,100,000円
－追加加工費		@250円×5,000個＝1,250,000円
利益	2,750,000円	2,650,000円

（**解答**）　半製品のまま販売した方が利益が 2,750,000円－2,650,000円
　　　　＝100,000円多くなる。

完成品として販売	● 半製品のまま販売

下記の設問に答えなさい。

当社では、2つの製造工程において2種類の製品を生産している。第1工程では始点でA材料を投入して生産を開始し、終点でB材料を加えることによって連産品XとYが分離する。さらに、連産品Xは第2工程に投入され、追加加工されて製品Sとなる。連産品Yはそのまま製品Tとして販売される。

当工場における標準的な生産状況は第1工程でA材料800個（@500円）、B材料400個（@400円）を投入し、2,000単位の連産品Xと1,500単位の連産品Yがそれぞれ生産される。第2工程では連産品Xに追加加工後、製品Sが600単位生産される。連産品Yは、製品T 1,200単位として販売される。各工程の生産をストップすることによって、各工程の固定加工費の30%分の発生を回避することができる。仕掛品、製品等の棚卸資産はない。

【資料】　各工程の原価

	第1工程	第2工程
変動加工費	650,000 円	400,000 円
固定加工費	428,000 円	550,000 円
合　計	1,078,000 円	950,000 円

製品および連産品の市場価格

産出物	市場価格
連産品 X	2,300 円
連産品 Y	3,000 円
製品 S	12,000 円

設問1 市価基準によって連産品XとYの原価を計算しなさい。

設問2 連産品Xで販売するほうが有利か、追加加工して製品Sとして販売するほうが有利かを検討しなさい。

解答欄

設問1

連産品Xの原価	円
連産品Yの原価	円

設問2

連産品Xで販売する	製品Sとして販売する

7 解答・解説

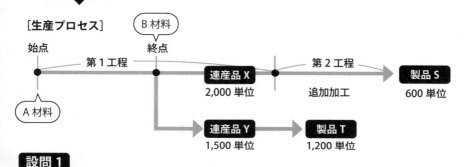

[生産プロセス]

設問1

① **積数の計算**

　連産品 X：2,300 円 × 2,000 単位 = 4,600,000 円

　連産品 Y：3,000 円 × 1,500 単位 = 4,500,000 円

② **結合原価（連産品原価）**

　A 材料：@500 円 × 800 個 = 400,000 円

　B 材料：@400 円 × 400 個 = 160,000 円

　∴ 結合原価 = 400,000 円 + 160,000 円 + <u>1,078,000 円</u> = 1,638,000 円
　　　　　　　　　　　　　　　　　　　　　第1工程加工費

③ **各製品の原価**　配分率 1,638,000 円 ÷ （4,600,000 円 + 4,500,000 円）
　　　　　　　　　　　= 0.18

　連産品 X の原価 = 0.18 × 4,600,000 円 = 828,000 円

　連産品 Y の原価 = 0.18 × 4,500,000 円 = 810,000 円

連産品 X の原価	820,000 円
連産品 Y の原価	810,000 円

設問2 連産品 X をそのまま販売するほうが有利か、追加加工して製品 S として販売するほうが有利かについて差額原価収益分析を行う。

差額収益：@ 12,000 円×600 単位－@ 2,300 円×2,000 単位＝ 2,600,000 円

　第 1 工程における A 材料・B 材料および第 1 工程加工費は、追加加工するかどうかの意思決定にかかわらず発生する原価（**埋没原価**）である。第 2 工程における固定加工費は、工程の生産をストップすれば 30%の発生回避できるが、追加加工をしなくても 70%は回避できないため、**埋没原価**となる。

差額原価：400,000 円＋ 550,000 円× 30% ＝ 565,000 円

差額利益：2,600,000 円－ 565,000 円＝ 2,035,000 円

（**解答**）差額利益が 2,035,000 円プラスであるので、追加加工をして製品 S で販売した方が有利である。

連産品 X で販売する	◉ 製品 S として販売する

第III部:意思決定会計

第5回 業務的意思決定(4)
—最適セールス・ミックス

> **到達目標** 最適セールス・ミックスとリニアープログラミングを理解する。

1 最適セールス・ミックス

　企業が複数の種類の製品を生産している場合に、生産設備や労働力などの基本構造を前提として、利益を最大にする製品種類の販売量の組み合わせを**最適セールス・ミックス**という。企業は、生産能力や利用可能な資源には限界があるので、その制約のなかで利益最大化を図る生産量を検討する。以下では、共通する制約条件が1つの場合と共通の制約条件が2つ以上あるものとについて述べる。

共通する制約条件が1つ存在する場合

 例題8

　藤岡工業株式会社は、製品Aと製品Bの2種類の製品を製造・販売している。下記の資料にもとづいて、最適なセールス・ミックスを決定しなさい。

【資料】

	製品A	製品B
販売価格(1コあたり)	3,500円	3,000円
予想需要量	1,500個	2,000個
単位あたり変動費	700円	1,200円
機械加工時間	4時間	5時間
最大可能機械稼働時間	10,000時間	

解答欄

製品A	個	製品B	個

207

(8) 解答・解説

	製品 A	製品 B
販売価格	3,500 円	3,000 円
単位あたり変動費	700 円	1,200 円
単位あたり貢献利益	3,500 円− 700 円＝ 2,800 円	3,000 円− 1,200 円＝ 1,800 円
時間あたり貢献利益	2,800 円 / 4 時間＝ **700 円**	1,800 円 / 5 時間＝ **360 円**
優先順位	1 位	2 位

意思決定：時間あたり貢献利益が大きい**製品 A を優先して**製造し、残りの機械稼働時間で製品 B を製造する。

製品 A の予想需要量： 1,500 個× 4 時間＝ 6,000 時間
                              機械加工時間
最大可能機械稼働時間は 10,000 時間なので、
残り時間は 10,000 時間− 6,000 時間＝ 4,000 時間

製品 B の製造可能量： 4,000 時間÷ 5 時間＝ 800 個
                            機械加工時間
最適なセールス・ミックスは、製品 A ＝ 1,500 個、製品 B ＝ 800 個となる。

　営業利益を最大にするということは、固定費は製品販売量の組み合わせの変更に関係なく発生するので、貢献利益を最大にすることと同じである。制約条件と希少資源をどのように各製品に販売するかを考える。つまり、本問では、製品 A と製品 B の 2 つの製品を製造するのに、最大可能機械稼働時間 10,000 時間の中で、生産能力のより有効な利用、つまり時間あたりの貢献利益の金額が大きいものを多く生産する方がよい。

解答

製品 A	1,500　個	製品 B	800　個

208

第Ⅲ部：意思決定会計

練習問題

　当社では、製品Aと製品Bを製造・販売しており、直接標準原価計算を採用している。次年度の予算編成に際し、現在までに次の情報を入手している。下記の資料および条件にもとづき、（1）最適セールス・ミックスと（2）そのときの営業利益を求めなさい。

【資料】

1．各製品の1個あたりの販売価格と変動費、組立時間

	製品A	製品B
1個あたりの販売価格	5,000円	4,000円
1個あたりの変動費	2,500円	3,000円
1個あたりの組立時間	5時間	2.5時間

　　※また、固定費については、両製品に個別に発生する固定費はなく、両製品に共通に発生する固定費は400万円である。

2．組立部の生産能力は30,000時間である。

3．当社の市場占拠率の関係から、製品Aに対する需要限度は5,000個、製品Bに対する需要限度は4,000個であって、それを超えて製造・販売することはできない。

解答欄

（1）最適セールス・ミックス

製品A	個	製品B	個

（2）営業利益

営業利益	円

	製品 A	製品 B
販売価格	5,000 円	4,000 円
単位あたり変動費	2,500 円	3,000 円
単位あたり貢献利益	5,000 円－ 2,500 円＝ 2,500 円	4,000 円－ 3,000 円＝ 1,000 円
時間あたり貢献利益	2,500 円 /5 時間＝ **500 円**	1,000 円 /2.5 時間＝ **400 円**
優先順位	1 位	2 位

（1）最適セールスミックス

製品 A の予想需要量： 5,000 個× $\underset{\text{組立時間}}{5 \text{ 時間}}$ ＝ 25,000 時間

組立部の生産能力は 30,000 時間なので、

残り時間は 30,000 時間－ 25,000 時間＝ 5,000 時間

製品 B の製造可能量： 5,000 時間÷ $\underset{\text{組立時間}}{2.5 \text{ 時間}}$ ＝ 2,000 個

最適なセールス・ミックスは、製品 A ＝ 5,000 個、製品 B ＝ 2,000 個となる。

製品 A	5,000 個	**製品 B**	2,000 個

（2）営業利益

製品 A： 貢献利益 ＝＠ 5,000 × 5,000 個－＠ 2,500 × 5,000 個

　　　　　　　　　 ＝ 12,500,000 円

製品 B： 貢献利益 ＝ $\underset{\text{売上高}}{\text{＠ 4,000 × 2,000 個}}$ － $\underset{\text{変動費}}{\text{＠ 3,000 × 2,000 個}}$

　　　　　　　　　 ＝ 2,000,000 円

営業利益 ＝ 貢献利益（製品 A ＋ 製品 B）－ 固定費

　　　　　 ＝（ 12,500,000 円 ＋ 2,000,000 円）－ 4,000,000 円

　　　　　 ＝ **10,500,000 円**

営業利益	10,500,000 円

共通する制約条件が2つ以上存在する場合

各製品に共通の制約条件が2つ以上ある場合の営業利益を最大にする各製品の販売量の組み合わせを求める手法を**リニアープログラミング**（LP：線形計画法）という。

リニアープログラミングを利用して、最適セールス・ミックスを知るためには、

① 製品別の生産数量を変数とし、最大にすべき貢献利益あるいは営業利益を**目的関数**とする。
② 各製品の**制約条件**を不等式で示す。
③ 製品の生産・販売の性質による条件として、通常は各製品の生産・販売量は0個以上として明示される（**非負条件**）。

例題9

当社では、製品Aと製品Bを製造・販売しており、直接標準原価計算を採用している。次年度の予算編成に際し、現在までに次の情報を入手している。

【資料】
1. 各製品の1個あたりの販売価格と変動費

	製品A	製品B
販売価格	1,000円	800円
変動費	580円	440円

両製品に個別に発生する固定費はなく、両製品に共通に発生する固定費は80,000円である。

2．両製品とも、機械加工部を経て組立部で完成する。両製品の部門別
　標準作業時間は次のとおりである。

	機械加工部	組立部
製品A 1個あたりの標準作業時間	3 時間	2 時間
製品B 1個あたりの標準作業時間	2 時間	2 時間
各部門の年間生産能力	1,500 時間	1,200 時間

3．製品Aに対する需要限度は420個、製品Bに対する需要限度は360
　個であって、それを超えて製造・販売することはできない。

　上記の条件にもとづき、次の問いに答えなさい。

設問1　製品Aおよび製品Bの年間の最適セールス・ミックスを求
めなさい。

設問2　最適セールス・ミックスのときの、年間営業利益はいくらか。

解答欄

設問1

製品A	個	製品B	個

設問2

営業利益	円

第Ⅲ部：意思決定会計

⑨ 解答・解説

設問1　最適セールス・ミックスの決定

1．制約条件あたりの貢献利益額を求める。

	製品 A	製品 B	
1 個あたり販売価格	1,000 円	800 円	
1 個あたり変動費	580 円	440 円	
1 個あたり貢献利益	420 円	360 円	
機械加工部 1 時間あたりの貢献利益額	420 円÷ 3 時間＝ 140 円	360 ÷ 2 時間＝ **180 円**	製品 B優先
組立部 1 時間あたりの貢献利益額	420 円÷ 2 時間＝ **210 円**	360 ÷ 2 時間＝ 180 円	製品 A優先

　　制約条件の機械加工部 1 時間あたりの貢献利益額は、製品 B のほうが大きく（140 円＜ 180 円）、組立部 1 時間あたりの貢献利益額は、製品 A の方が大きい（210 円＞ 180 円）。

　　機械加工部と組立部 1 時間あたりの貢献利益額を計算すると、制約条件によって優先すべき製品が異なるため、リニアープログラミングの手法を用いて、最適セールス・ミックスを決定することになる。

2. リニアー・プログラミングのための問題の定式化

Ⅰ　目的関数

　　製品 A を X 個、製品 B を y 個製造・販売するとして、貢献利益が最大になるのは、$420x + 360y$ である。

Ⅱ　制約条件

　①機械加工部作業時間の制約… $3x + 2y \leqq 1,500$

　②組立部作業時間の制約……… $2x + 2y \leqq 1,200$

　③製品 A の需要量の制約　…… $x \leqq 420$　（資料 3. より）

　④製品 B の需要量の制約　…… $y \leqq 360$　（資料 3. より）

Ⅲ　非負条件

　x と y は個数を表すのでマイナスになることはないため、必ず 0 より大きくなる。$x,\ y \geqq 0$

★条件をすべて満たすところについて、グラフにより解を求める。

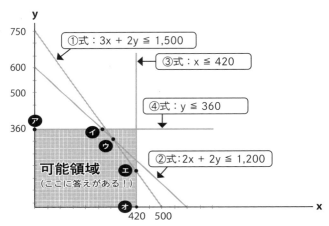

①座標軸の点

	製品A	製品B	
ア点（	0個 ，	360個）	➡ 縦軸と④式の交点
イ点（	240個 ，	360個）	➡ ②式と④式の交点
ウ点（	300個 ，	300個）	➡ ①式と②式の交点
エ点（	420個 ，	120個）	➡ ①式と③式の交点
オ点（	420個 ，	0個）	➡ 横軸と③式の交点

②貢献利益の算出

目的関数である **420x ＋ 360y** に上記のxとyを代入する。

ア点： 420円 × 　0個 ＋ 360円 × 360個 ＝ 129,600円
イ点： 420円 × 240個 ＋ 360円 × 360個 ＝ 230,400円
ウ点： 420円 × 300個 ＋ 360円 × 300個 ＝ 234,000円 …最大値
エ点： 420円 × 420個 ＋ 360円 × 120個 ＝ 219,600円
オ点： 420円 × 420個 ＋ 360円 × 　0個 ＝ 176,400円

解答

設問1

製品A	300 個	製品B	300 個

設問2

営業利益＝ 420 × 300個 ＋ 360 × 300個 － 80,000円
　　　　　　　　　　　　　　　　　　　　　　　固定費
　　　　＝ 154,000円

営業利益	154,000円

第Ⅲ部：意思決定会計

業務的意思決定（５）
―経済的発注量

到達目標 経済的発注量について理解し、計算ができるようになる。

経済的発注量

　企業では、顧客から注文があった際の品切れを防ぐため、あるいは製造プロセスにおいて滞らないように、原材料や部品などを倉庫に保管している。しかし、在庫数量が多いとそれを保管するための倉庫関連費用や在庫投資に関する資本コスト[10]が多額となる。在庫数量を少なくしてその費用を抑えようとすれば、発注回数が増えることになり、発注のための費用[11]が増加する。これらのことを勘案して、在庫関連費用（倉庫関連費用と発注費）の総額がもっとも小さくなる注文１回あたりの発注量である**経済的発注量**（EOQ：Economic order quantity）を求める。

経済的発注量の計算方法

発注費

　年間で必要となる部品（材料）数がQで、発注１回あたりにかかる費用がA円とする。発注１回あたりの数量をq単位とすると、年間の発注費は以下のように求められる。

$$\text{年間発注費} = \text{発注１回あたりの発注費} \times \text{年間発注回数}[12]$$
$$= A \times \frac{Q}{q}$$

---
10. 資本コストとは、企業の資金調達に伴うコストのことであり、具体的には、借入に対する利息の支払いや、株式に対する配当の支払いと株価上昇期待をいう。
11. 発注費とは、電話代や送料、事務処理関連の費用をいう。
12. 年間発注回数は、年間で必要となる部品数÷発注１回あたりの数量で求める。

在庫維持費

在庫を維持するための保管にかかる費用として倉庫関連費用がかかる。また、在庫品に投下されている資本には資本コストがかかる。これらの費用は在庫を維持することによって発生するものなので、**在庫維持費**という。在庫は、期間に対して一定率で減少するものとすると、平均在庫量は1回あたり発注量の2分の1となる。平均在庫1個あたりの年間在庫維持費は以下のように求められる。

$$
年間在庫維持費 \ = \ 平均在庫1個あたりの保管費 \ \times \ \frac{q}{2}
$$

上記を整理すると、経済的発注量は、年間発注費＝年間在庫維持費で求められる。

例題 **10**

次のデータの中から適切なものを選び、年間の発注費と保管費の合計額が最も少なくなる経済的発注量を求めなさい。

【資料】
(1)	年間の材料予定総消費量	10,000kg
(2)	材料1kgあたりの購入原価	3,000円
(3)	材料発注1回あたりの通信費	4,000円
(4)	材料発注1回あたりの事務用消耗品費	8,100円
(5)	材料倉庫の年間減価償却費	650,000円
(6)	材料倉庫の電灯料の基本料金年額	420,000円
(7)	材料1kgあたりの年間火災保険料	500円
(8)	材料1kgあたりの年間保管費には、購入原価の10%を資本コストとして計上する。	

解答欄　　[　　　　　　　kg 　　　　　]

第Ⅲ部：意思決定会計

⑩ 解答・解説

1. 資料(1)～(8)の中から、経済的発注量を計算するのに必要となる発生額が変化する発注費と保管費のデータをピックアップする。

   ➡ 1回あたりの発注量に無関係な(5)減価償却費と(6)電灯料の基本料金は必要ない。

2. (3)と(4)は、材料発注1回あたりという言葉が入っていることから、発注費＝(3) 4,000円＋(4)8,100円＝12,100円

3. (7)と(8)は、材料1kgあたりという言葉が入っていることから、
   材料1kgあたりの**保管費**＝(7) 500円＋ $\underbrace{(2)\ 3,000\ 円 \times 10\%}_{\text{購入原価の10\%}}$ ＝ **800円**

4. 経済的発注量を x とすると、

   発注費：1回あたりの発注費 $\times \dfrac{材料必要量}{x} = 12{,}100\ 円 \times \dfrac{(1)\,10{,}000\text{kg}}{x}$

   保管費：1キロあたりの保管費 $\times \dfrac{x}{2} = 800\ 円 \times \dfrac{x}{2}$

5. ここで、**発注費＝保管費**とすると、$12{,}100\ 円 \times \dfrac{10{,}000}{x} = 800\ 円 \times \dfrac{x}{2}$

   $x^2 = \dfrac{12{,}100 \times 10{,}000}{400} = 302{,}500,\ x = \sqrt{302{,}500} = \mathbf{550}$

解答

550 kg

217

練習問題

　当工場で、材料 A を使用して製品を生産している。以下の資料をもとに、倉庫スペースに余裕があるとした場合、最も在庫関連費用が少なくなる発注量は何個か。また、このときの年間の発注回数、年間の発注費、年間の保管費を求めなさい。

【資料】

(1) 年間の材料予定総消費量（必要量）　　　　10,000 個

(2) 材料 1 個あたりの購入原価　　　　　　　　4,500 円

(3) 材料発注 1 回あたりの通信費　　　　　　　2,000 円 / 回

(4) 材料発注 1 回あたりの事務用消耗品費　　　8,000 円 / 回

(5) 材料倉庫の年間賃借料　　　　　　　　　200,000 円

(6) 材料倉庫の電灯料の基本料金年額　　　　220,000 円

(7) 材料 1 個あたりの年間保険料　　　　　　　　50 円 / 個

(8) 材料 1 個あたりの年間保管費には、購入原価の 10% を資本コストとして計上する。

解答欄

発 注 回 数	回
発 注 費	円
保 管 費	円

第Ⅲ部：意思決定会計

解 答 解 説

年 間 発 注 費 ＝ 1回あたりの発注費 × 年間発注回数

$$= (2,000 + 8,000) 円 \times \frac{10,000個}{x}$$

年間在庫維持費 ＝ 平均在庫1個あたりの保管費 × $\frac{q}{2}$
（保管費）

$$= 50 円 + (4,500 円 \times 10\%) \times \frac{x}{2}$$

年間発注費 ＝ 年間在庫維持費より、

$$10,000 円 \times \frac{10,000個}{x} = 50 \times \frac{x}{2}$$

$$50x^2 = 200,000,000$$

$$x = 2,000 個$$

年 間 発 注 回 数 ＝ 10,000 個 ÷ 2,000 個 ＝ 5 回

年間発注費 ＝ 10,000 円 × 5 回 ＝ 50,000 円

年間在庫維持費 ＝ $\underset{賃借料}{200,000 円} + \underset{電灯料}{220,000 円} + (50 + 450) \times \frac{2,000}{2}$
（保管費）

＝ **920,000 円**

解答

発 注 回 数	5 回
発 注 費	50,000 円
保 管 費	920,000 円

219

第7回 貨幣の時間価値

第Ⅲ部：意思決定会計

 到達目標 貨幣の時間価値について理解する。現在価値、将来価値を理解し、現価係数、年金現価係数を利用できるようになる。

1 貨幣の時間価値

投資の意思決定は、設備投資や研究開発への投資など経営の基本構造の変革をもたらす長期的な意思決定である。長期的な意思決定のため、投資による**現金流出額（キャッシュ・アウトフロー）**と投資から回収される**現金流入額（キャッシュ・インフロー）**については、時間の経過とともにお金の価値が変わるので、**貨幣の時間価値**を考慮しなくてはならない。

複利計算

時の経過によって貨幣の価値は変わる。たとえば、いま、100万円持っているとする。この100万円（元金）を銀行に預けたとすれば、1年後にはその利息分だけお金が増える。普通預金の金利（利息）が1％だとすれば、1年後には、以下のようになる。

```
1年後：100万円×（1＋0.01）      ➡ 1,010,000円
2年後：1,010,000円×（1＋0.01） ➡ 1,020,100円
3年後：1,020,100円×（1＋0.01） ➡ 1,030,301円
```

第Ⅲ部：意思決定会計

つまり、銀行に 100 万円預けると 3 年後には 1,030,301 円になる（金利が 1％の場合）。

複利計算では、1 年後の利息のついた金額 1,010,000 円（新たな元金）を基に計算する。これは、以下のような計算でも可能となる。

> 1 年後：100 万円 × $(1 + 0.01)^1$ ➡ 1,010,000 円
> 2 年後：100 万円 × $(1 + 0.01)^2$ ➡ 1,020,100 円
> 3 年後：100 万円 × $(1 + 0.01)^3$ ➡ 1,030,301 円

また、終価係数によって、以下のように計算できる。

終価係数とは、現時点で保有している資金を、一定期間、一定の利率で複利運用した場合に将来に受け取ることが出来る金額を求める際に使用する**係数**である。

★ 利息が 1％の場合の終価係数

1 年目 $(1 + 0.01)^1 = 1.01$
2 年目 $(1 + 0.01)^2 = 1.0201$
3 年目 $(1 + 0.01)^3 = 1.030301$

例題 11

　毎年、200,000 円の純現金収入が生じる場合に、3 年間の純現金収入の将来価値の合計を計算しなさい。なお、年利 10％の終価係数は以下のとおりである。

【資料】

	1 年度末	2 年度末	3 年度末
終価係数	1.100	1.210	1.331

解答欄 　　　　　　　　　　　　円

⑪ 解答・解説

　純現金収支とは、商品販売などの事業活動で得た現金収入と、設備投資や有価証券の取得などの現金支出を合計したもので、フリーキャッシュフローとも言われる。3年間の純現金収入の将来価値の合計は、終価係数を利用して以下のように求める。

> 1年度末：200,000円× 1.100 ＝ 220,000円
> 2年度末：200,000円× 1.210 ＝ 242,000円
> 3年度末：200,000円× 1.331 ＝ 266,200円

解答：220,000円＋ 242,000円＋ 266,200円＝ 728,200円

728,200円

割引計算

　複利計算とは逆に、将来の価値を現在の価値に引き戻すことを**割引計算**という。たとえば、今もらえる100万円と3年後にもらえる100万円を比べた時に、早くお金をもらえれば、それだけ色々なことに使えるので、3年後にもらえる100万円よりも、今もらえる100万円の方が価値が高いといえる。

　そこで、3年後にもらえる100万円を今の価値にするといくらになるのかを求めるのが、割引計算である。割引計算の場合には、**現価係数**を用いる（複利計算は、現在のお金が将来いくらになるかを計算するため、終価係数を用いた）。現価係数とは、終価係数の逆数である。

第Ⅲ部：意思決定会計

○年後にもらえる 100 万円を今の価値にするといくらになるかという計算は、以下のようになる（金利が 1％の場合）。

1 年後：　100 万円 × $\dfrac{1}{(1+0.01)}$ ➡ 990,099 円

2 年後：990,099 円 × $\dfrac{1}{(1+0.01)}$ ➡ 980,296 円

3 年後：980,296 円 × $\dfrac{1}{(1+0.01)}$ ➡ 970,590 円

つまり、3 年後にもらえる 100 万円を今の価値にすると、970,590 円となる。

現価係数とは、現時点で保有している資金を、一定期間、一定の利率で複利運用した場合に将来に受け取ることが出来る金額を求める際に使用する係数である。

1 年後：100 万円 × $\dfrac{1}{(1+0.01)^1}$ ➡ 990,099 円

2 年後：100 万円 × $\dfrac{1}{(1+0.01)^2}$ ➡ 980,296 円

3 年後：100 万円 × $\dfrac{1}{(1+0.01)^3}$ ➡ 970,590 円

📝 例題 **12**

　　毎年、3 00,000 円の純現金収入が生じる場合に、3 年間の現在価値合計を計算しなさい。なお、年利 10％の現価係数は以下のとおりである。

【資料】

	1 年度末	2 年度末	3 年度末
現価係数	0.909	0.826	0.751

解答欄　| 　　　　　　　　円 |

⑫ 解答・解説

　３年間の純現金収入の現在価値の合計は、現価係数を利用して以下のように求める。

> １年度末：300,000 円× 0.909 ＝ 272,700 円
> ２年度末：300,000 円× 0.826 ＝ 247,800 円
> ３年度末：300,000 円× 0.751 ＝ 225,300 円

解答：272,700 円＋ 247,800 円＋ 225,300 円＝ 745,800 円

> 745,800 円

第Ⅲ部：意思決定会計

練 習 問 題

　毎年、400,000円の純現金収入が生じる場合に、3年間の現在価値合計を計算しなさい。なお、年利10%の年金現価係数は以下のとおりである。

【資料】

	1年度末	2年度末	3年度末
年金現価係数	0.909	1.736	2.487

解答欄

円

解 答 解 説

　3年間の純現金収入の現在価値の合計は、年金現価係数を利用して以下のように求めることができる。

解答：400,000円 × 2.487 = 994,800円

994,800円

225

第Ⅲ部：意思決定会計

第8回 構造的意思決定 ―設備投資の意思決定（１）

到達目標 構造的意思決定のうち、設備投資の意思決定モデルを理解し、計算ができるようになる。

1 構造的意思決定

構造的意思決定とは、企業の基本構造に影響を与えるような決定である。業務的意思決定と同様に、複数の代替案から特定の代替案を選択し、その手法として差額原価や機会原価を考慮する点において変わりはないが、その計算期間が長期に渡るため、貨幣の時間価値を考慮した計算を行う必要がある。構造的な意思決定には、経営給付、経営立地、設備投資、経営組織構造の意思決定が挙げられる。

2 投資案の評価法―時間価値を考慮しない

投資案の評価法は、投資の全額が投資の初年度期首に実施され、投資実施後の各期間の現金流出流入額の全てが期末に発生する仮定に基づいて行われる。投資案の評価法については、時間価値を考慮しないものとして、①単純回収期間法と②単純投下資本利益率法がある。

第Ⅲ部：意思決定会計

①単純回収期間法

単純回収期間法とは、投資を行った回収期間を計算し、回収期間が短い投資案を有利とする方法である。たとえばA案は5年、B案は8年かかるとすれば、A案が有利というように、回収期間だけで判断する。単純回収期間法は、貨幣の時間価値を考慮しないため、投資回収後のキャッシュ・フローの計算を考慮していない。したがって、投資案の収益性は分からないが、投資案の安全性は判断できる。貨幣の時間価値を考慮しないため、投資の意思決定モデルとしては不完全である。

▪ **毎年のネット・キャッシュ・フローの平均を使用する方法**

$$投資の回収期間＝\frac{投\quad資\quad額}{投資から生じる年間平均予想増分純現金流入額}$$

📝 例題 13

下記の資料の投資案の評価を単純回収期間法により行いなさい。

【資料】

1．設備投資額　　　　　　　　6,000万円
2．投資案の予想貢献年数　　　　3年
3．この投資を採用した場合に生じる年々のキャッシュ・インフロー（現金収入）

第1年度	第2年度	第3年度
1,800万円	2,000万円	1,600万円

4．3年経過後の設備の処分価値は600万円と予測される。

解答欄　　　　　　　　　　　年

227

13 解答・解説

$$\text{投資の回収期間} = \frac{\text{投 資 額}}{\text{投資から生じる年間平均 予想増分純現金流入額}}$$

$$= \frac{6,000万円}{(1,800万円＋2,000万円＋1,600万円 ＋ 600万円)÷3年}$$

$$= \frac{6,000万円}{2,000万円} = 3 年$$

3 年

練 習 問 題

　福岡株式会社では、下記のようなA案、B案の2つの投資案を検討中である。単純回収期間法によって、どちらの投資案を採択すべきかを検討しなさい。

【資料】

	A案	B案
設備投資額	7,000,000 円	9,000,000 円
耐用年数	4 年	9 年
毎年のキャッシュ・フロー	2,000,000 円	1,500,000 円

解答欄

案

第Ⅲ部：意思決定会計

解　答　解　説

　本問では、設備の耐用年数は無関係に、ただ単に回収期間の短い投資案を選択することになる。

★ 回収期間の計算

A 案

設備投資額 7,000,000 円 ÷ 毎年のキャッシュ・フロー 2,000,000 円 ＝ 3.5 年

B 案

設備投資額 9,000,000 円 ÷ 毎年のキャッシュ・フロー 1,500,000 円 ＝ 6 年

　A 案では、7,000,000 円で投資した設備に対し、毎年、2,000,000 円の現金が入るので、3.5年で投資した7,000,000円を回収できることを意味する。B 案は、9,000,000 円を回収するのに、6 年必要であることを意味する。

　解答：A 案の方が回収期間が短いので、A 案を採択する。

A 案

②単純投下資本利益率法

　単純投下資本利益率法では、企業が資本を設備に投資する際に、そこから得られる利益が投資額に対してどれくらいの利益率になるかを問題とする。単純にプロジェクトの予想貢献年数期間に渡って用すると判断する。この方法は、現金流入額の時間価値を考慮していないのと、発生主義会計から得られる資料によって評価するため、埋没原価としての減価償却費を原価項目に含めてしまうという欠点がある。一方で、計算が簡単で分かりやすく、各プロジェクトの収益性が検討できるという長所がある。

$$単純投下資本利益率法＝\frac{（増分純現金流入額合計－投資額）÷予想貢献年数}{投資額}×100$$

229

3 投資案の評価法──時間価値を考慮する

複数の代替案から投資案を評価する際の方法として、**DCF**（Discounted Cash Flow）**法**がある。以下では、DCF法で利用される①正味現在価値法（Net Present Value Method NPV）、②内部利益率法 (Internal Rate of Return Method) ③収益指数法について説明する。

①正味現在価値法

正味現在価値法とは、将来に獲得する増分キャッシュ・フローを現在時点の価値に割り引いて合計し、これと初期投資支出の差額を計算したものである。正味現在価値がプラスならば、当該投資案の現在時点での価値が増加することを意味するので、採択に値する。それが、マイナスであるならば、採択には値しない。また、複数の投資案がある場合には、正味現在価値が高い方が有利である。

> 正味現在価値 ＝ 正味現金流入額の現在価値合計 － 投資額

正味現在価値＞０…投資案の採択
正味現在価値＜０…投資案の棄却

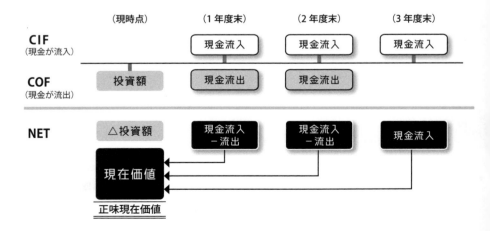

第Ⅲ部：意思決定会計

　上記の線は、時系列になっており、現時点で投資をする際と、１年後、２年後、３年後を示す。

　線よりも上側が **CIF**（キャッシュ・イン・フロー：つまり現金が入ってきた額）、線よりも下側が **COF**（キャッシュ・アウト・フロー：つまり現金が出ていった額）である。

　現時点とは、投資時なので、現金は出ていくだけだから、COF のみとなる。１年度末以降は、現金流入と現金流出の金額を考慮する。

　NET とは年々のネット・キャッシュ・フロー（純現金流出入額）を示し、現金流入－現金流出で求める。

例題 14

　以下の投資案の評価を正味現在価値法により採用すべきか否か検討しなさい（万円未満の端数を四捨五入すること）。

【資料】

1. 設備投資額　6,000万円
2. 投資案の予想貢献年数　　　3年
3. この投資を採用した場合に生じる年々のキャッシュ・インフロー（現金収入）

第1年度	第2年度	第3年度
1,800万円	2,000万円	1,600万円

4. 3年経過後の設備の処分価値は600万円と予測される。
5. 資本コスト率は年6％である。
6. 法人税等は考慮しない。
7. 現価係数は次のとおりである。

	5％	6％	7％	8％	9％
1年	0.9524	0.9434	0.9346	0.9259	0.9174
2年	0.9070	0.8900	0.8734	0.8573	0.8417
3年	0.8638	0.8396	0.8163	0.7938	0.7722

解答欄

採用すべきである	採用すべきでない

⑭ 解答・解説

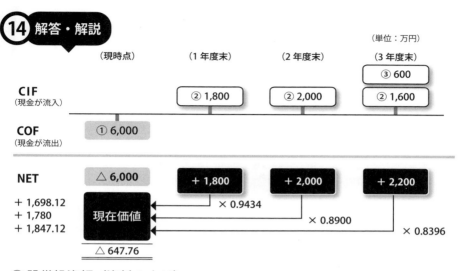

① 設備投資額（資料１より）
② 年々のキャッシュ・イン・フロー（資料３より）
③ 設備の処分価値（資料４より）
④ NET（年々のネット・キャッシュ・フローの計算）は現金流入－現金流出で求める。

　現時点は現金流入がないので、△6,000万円。１年度末は現金流出がないので、＋1,800万円。２年度末は現金流出がないので、＋2,000万円。３年度末は現金流入が２つあるので、600万円＋1,600万円＝＋2,200万円。

⑤ ④よりNET（年々のネット・キャッシュ・フローの計算）の金額が、(現時点) △6,000万円（１年度末）＋1,800万円（２年度末）＋2,000万円（３年度末）＋2,200万円なので、これを現在価値に直す。その際に、資料７の現価係数を用いる。資料５より資本コスト率が６％なので、6%の数字を使用する。

（１年度末）1,800万円×0.9434＋（２年度末）2,000万円×0.8900＋（３年度末）＋2,200万円×0.8396＝＋**5,325.24**万円　➡現在価値

⑥ 正味現在価値は、＋5,325.24万円－①6,000万円（投資額）＝△674.76万円➡△674万円

解答：正味現在価値がマイナスとなるため、採用すべきでない。

採用すべきである	◉　採用すべきでない

第III部：意思決定会計

第9回 構造的意思決定
——設備投資の意思決定（２）

 到達目標 　設備投資の意思決定モデルのうち、内部利益率法と収益性指数法について理解し、計算ができるようになる。

②内部利益率法

　内部利益率法とは、投資案の耐用年数にわたって発生する正味営業現金流入額の現在価値合計と投資額を等しくする割引率（ＩＲＲ）について複利計算を前提として求める方法である。内部利益率は、正味現在価値がゼロになる割引率として計算し、この率が資本コストを上回っていれば、その投資案は採用すべきである。つまり、その投資案は有利と判断し、内部利益率より資本コストが小さければその投資率は不利と判断する。

③収益性指数法

　収益性指数法とは、年々のネット・キャッシュ・フローの現在価値合計と投資額の比率を計算して求める方法である。収益性指数が１より大きければ、投資案は有利と判断し、収益性指数が１より小さければ、投資案は不利と判断する。

> 収益性指数 ＝ 投資によって生じる年々のネット・キャッシュ・フローの現在価値合計 ÷ 投資額

例題 15

下記の資料の投資案の評価を収益性指数法により行いなさい（収益性指数は、小数点以下第3位を四捨五入すること）。

【資料】

1．設備投資額　4,000万円
2．投資案の予想貢献年数　　3年
3．この投資を採用した場合に生じる年々のキャッシュ・インフロー（現金収入）

第1年度	第2年度	第3年度
1,500万円	2,500万円	1,800万円

4．3年経過後の設備の処分価値は700万円と予測される。
5．資本コスト率は年7％である。
6．法人税等は考慮しない。
7．現価係数は次のとおりである。

	5％	6％	7％	8％	9％
1年	0.9524	0.9434	0.9346	0.9259	0.9174
2年	0.9070	0.8900	0.8734	0.8573	0.8417
3年	0.8638	0.8396	0.8163	0.7938	0.7722

解答欄

採用すべきである	採用すべきでない
収益性指数	

⑮ 解答・解説

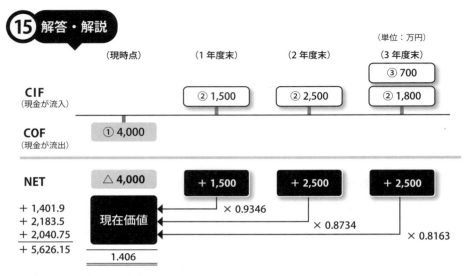

① 設備投資額（資料1より）
② 年々のキャッシュ・イン・フロー（資料3より）
③ 設備の処分価値（資料4より）
④ NET（年々のネット・キャッシュ・フローの計算）現金流入－現金流出で求める。現時点は現金流入がないので、△4,000万円。1年度末は現金流出がないので、＋1,500万円。2年度末は現金流出がないので、＋2,500万円。3年度末は現金流入が2つあるので、700万円＋1,800万円＝＋2,500万円。
⑤ NET（年々のネット・キャッシュ・フローの計算）の金額が、(現時点)△4,000万円（1年度末）＋1,500万円（2年度末）＋2,500万円（3年度末）＋2,500万円なので、これを現在価値に直す。その際に、資料7の現価係数を用いる。資料5より資本コスト率が7％なので、7％の数字を使用する。

（1年度末）1,500万円×0.9346＋（2年度末）2,500万円×0.8734＋（3年度末）2,500万円×0.8163＝**＋5,626.15万円** ➡現在価値
⑥ 収益性指数は、＋5,626.15万円÷① 4,000万円（投資額）＝1.406
収益性指数が1より大きいため、採用すべきである。

解答

● 採用すべきである	採用すべきでない
収益性指数	1.406

投資案の評価法の比較

　投資案を評価する方法には、時間価値を考慮しない場合と時間価値を考慮する場合がある。

　投資案の評価において、時間価値を考慮しない**回収期間法**は、正確性を欠くという短所はあるが、実務では「計算しやすく」「分かりやすい」という理由から最も利用されている。時間価値を考慮しないため、投資案の収益性は測定できないが、安全性の判断はできる。

　時間価値を考慮する**正味現在価値法**（NPV）、**収益性指数法**（PI）、**内部利益率法**（IRR）について比較してみよう。正味現在価値法と収益性指数法は、投資によって得られる年々のキャッシュ・フローの現在価値合計と投資額から計算するという点では同じである。異なる点は、正味現在価値法が「額」であるのに対して、収益性指数は「率」であるという点である。したがっていくら儲かるか、損をするかといった絶対額の把握には正味現在価値法が優れており、投資資金の効率性の測定には、収益性指数法が優れている。

　内部利益率法の長所は、資本コスト率が不明でも投資評価が行える点にある。正味現在価値法や収益性指数法では資本コスト率が不明であれば投資案の評価が行えないが、内部利益率法なら評価が可能となる。実務では、資本コスト率の正確な把握には困難を伴うことが多いことから、内部利益率法を利用し、この内部利益率以下で資金調達が出来るなら、この投資案は採用すべきだという判断をすることも多い。一方で、内部利益率法では利益率がマイナスで表示されたり、2つ以上の利益率が求められたりと、投資規模が考慮できないという短所はある。

　複数の投資案を評価する場合には、独立投資案[13]なのか、相互排他的投資案[14]なのかも重要な指針となる。独立投資案の場合は、正味現在価値法と内部利益率法のどちらを採用しても特に問題はない。正味現在価値法でプラスならば、内部利益率は必ず資本コスト率を上回るからである。つまりどちら

---

13. 独立投資案とは、A案、B案のどちらも選べるし、両方選んでも選ばなくても構わない場合であり、たとえ片方の案を選んだとしても他方の案に影響を与えない投資案である。
14. 相互排他的投資案とは、どちらか1つの案を選ばなくてはならない投資案である。

の評価方法でも同じ結論を得ることができる。一方、相互排他的投資案は、内部利益率が高くても、それが優れているとは限らない。内部利益率の率がいくらよかったとしても、企業として絶対額が儲からないのでは意味が無いからである。相互排他的投資案では、1つの案しか選べないため、正味現在価値がもっとも大きい案を採用すべきである。

例題 16

当社は、現在、新製品生産のためにE機械設備の導入を検討している。以下の資料に基づいて、E機械設備（初期投資額 25,000 万円）に関する設備投資案の①回収期間②正味現在価値（複利現価係数表を利用すること）③内部収益率（複利現価係数表を利用し、割引率と現在価値の間の関係が1%区間で線形であると仮定すること）を計算しなさい。小数点以下第3位未満を四捨五入すること。

【資料】

E機械設備の取得原価は 25,000 万円で、耐用年数は5年間である。この設備投資を実行した場合、耐用期間内に追加的に獲得できると予想される各年のキャッシュ・フローは、0年度△ 20,000 万円、1年度 5,500 万円、2年度 12,000 万円、3年度 8,000 万円、4年度が 6,000 万円である。当社における投資案について要求する利益率：資本コストは 10%である。

複利現価係数表

年／利率	10%	11%	12%
1	0.9091	0.9009	0.8929
2	0.8264	0.8116	0.7972
3	0.7513	0.7312	0.7118
4	0.6830	0.6587	0.6355

解答欄

①	年
②	万円
③	％

238

第Ⅲ部：意思決定会計

⑯ 解答・解説

① 回収期間

　設備投資に関する当初の投資支出額25,000万円は、当該投資によって獲得される将来の増分キャッシュ・フローを1年目から累計していって、何年目に増分キャッシュ・フローが投資支出額と同額になるかを計算する。
増分キャッシュ・フロー＝5,500万円（1年度）＋12,000万円（2年度）＝17,500万円＜25,000万円であるから、あと不足している7,500万円を3年目の増分キャッシュ・フローによって回収することになる。

$$2年 \ + \ \frac{25,000万円－（5,500万円＋12,000万円）}{7,500万円} \ = \ \textbf{3年}$$

② 正味現在価値

キャッシュ・インフロー：

5,500万円×0.9091＋12,000万円×0.8264＋8,000万円×0.7513＋6,000万円×0.6830＝25,025.25万円

キャッシュ・アウトフロー： 25,000万円

正味現在価値　＝キャッシュ・インフロー－キャッシュ・アウトフロー

　　　　　　　＝25,025.25万円－25,000万円

　　　　　　　＝**25.25万円**

③ 内部収益率

　本問では、「複利現価係数表を利用し、割引率と現在価値の間の関係が1％区間で線形であると仮定すること」とあるので、近似値を計算することとなる。

〈**正味現在価値の計算**〉

割引率が 10%の場合 ：（上記②より）25.25 万円

割引率が 11%の場合 ：5,500 万円× 0.9009 ＋ 12,000 万円× 0.8116
　　　　　　　　　　　＋ 8,000 万円× 0.7312 ＋ 6,000 万円× 0.6587
　　　　　　　　　　　－ 25,000 万円＝△ 504.05 万円

　したがって、正味現在価値の符号がプラスからマイナスに変わる割引率は
10%と 11%の間にあることがわかるので、10%と 11%との間で正味現在価
値と割引率が線形関係にあると仮定して、割引率を計算する。

$$10\% \ + \ \frac{25.25万円}{25.25万円 - (-504.05万円)} \ \times 1\% \ = \ 10.048\%$$

　正味現在価値が 25.25 万円でプラスであり、さらに内部収益率が資本コス
トの 10%を上回った 10.048%であることから、収益性を考慮すれば、この
設備投資案を採用すべきだと判断する。

解答

①	3 年
②	25.25 万円
③	10.048%

資　料

原価計算基準

（企業会計審議会）

第一章

原価計算の目的と原価計算の一般的基準

- 一　原価計算の目的
- 二　原価計算制度
- 三　原価の本質
- 四　原価の諸概念
- 五　非原価項目
- 六　原価計算の一般的基準

第二章

実際原価の計算

- 七　実際原価の計算手続

第一節　製造原価要素の分類基準

- 八　製造原価要素の分類基準

第二節　原価の費目別計算

- 九　原価の費目別計算
- 一〇　費目別計算における原価要素の分類
- 一一　材料費計算
- 一二　労務費計算
- 一三　経費計算
- 一四　費目別計算における予定価格等の適用

241

第三節　原価の部門別計算

十五　原価の部門別計算

十六　原価部門の設定

十七　部門個別費と部門共通費

十八　部門別計算の手続

第四節　原価の製品別計算

十九　原価の製品別計算および原価単位

二〇　製品別計算の形態

二一　単純総合原価計算

二二　等級別総合原価計算

二三　組別総合原価計算

二四　総合原価計算における完成品総合原価と月末仕掛品原価

二五　工程別総合原価計算

二六　加工費工程別総合原価計算

二七　仕損および減損の処理

二八　副産物等の処理と評価

二九　連産品の計算

三〇　総合原価計算における直接原価計算

三一　個別原価計算

三二　直接費の賦課

三三　間接費の賦課

三四　加工費の賦課

三五　仕損費の計算および処理

三六　作業くずの処理

第五節　販売費および一般管理費の計算

三七　販売費および一般管理費要素の分類基準

三八　販売費および一般管理費の計算

三九　技術研究費

第三章

標準原価の計算

四〇　標準原価算定の目的

四一　標準原価の算定

四二　標準原価の改訂

四三　標準原価の指示

第四章

原価差異の算定および分析

四四　原価差異の算定および分析

四五　実際原価計算制度における原価差異

四六　標準原価計算制度における原価差異

第五章

四七　原価差異の会計処理

原価計算基準の設定について

　わが国における原価計算は、従来、財務諸表を作成するに当たって真実の原価を正確に算定表示するとともに、価格計算に対して資料を提供することを主たる任務として成立し、発展してきた。

　しかしながら、近時、経営管理のため、とくに業務計画および原価管理に役立つための原価計算への要請は、著しく強まってきており、今日、原価計算に対して与えられる目的は、単一ではない。すなわち、企業の原価計算制度は、真実の原価を確定して財務諸表の作成に役立つとともに、原価を分析し、これを経営管理者に提供し、もって業務計画および原価管理に役立つことが必要とされている。したがって、原価計算制度は、各企業がそれに対して期待する役立ちの程度において重点の相違はあるが、いずれの計算目的にもともに役立つように形成され、一定の計算秩序として常時継続的に行なわれるものであることを要する。ここに原価計算に対して提起される諸目的を調整し、原価計算を制度化するため、実践規範としての原価計算基準が、設定される必要がある。

　原価計算基準は、かかる実践規範として、わが国現在の企業における原価計算の慣行のうちから、一般に公正妥当と認められるところを要約して設定されたものである。

　しかしながら、この基準は、個々の企業の原価計算手続を画一に規定するものではなく、個々の企業が有効な原価計算手続を規定し実施するための基本的なわくを明らかにしたものである。したがって、企業が、その原価計算手続を規定するに当たっては、この基準が弾力性をもつものであることの理解のもとに、この基準にのっとり、業種、経営規模その他当該企業の個々の条件に応じて、実情に即するように適用されるべきものである。

　この基準は、企業会計原則の一環を成し、そのうちとくに原価に関して規定したものである。それゆえ、すべての企業によって尊重されるべきであるとともに、たな卸資産の評価、原価差額の処理など企業の原価計算に関係ある事項について、法令の制定、改廃等が行なわれる場合にも、この基準が充分にしん酌されることが要望される。

昭和三十七年十一月八日

企業会計審議会

原価計算基準

第一章　原価計算の目的と原価計算の一般的基準

一．原価計算の目的

　原価計算には、各種の異なる目的が与えられるが、主たる目的は、次のとおりである。

（一）企業の出資者、債権者、経営者等のために、過去の一定期間における損益ならびに期末における財政状態を 財務諸表に表示するために必要な真実の原価を集計すること。

（二）価格計算に必要な原価資料を提供すること。

（三）経営管理者の各階層に対して、原価管理に必要な原価資料を提供すること。ここに原価管理とは、原価の標準を設定してこれを指示し、原価の実際の発生額を計算記録し、これを標準と比較して、その差異の原因を分析し、これに関する資料を経営管理者に報告し、原価能率を増進する措置を講ずることをいう。

（四）予算の編成ならびに予算統制のために必要な原価資料を提供すること。ここに予算とは、予算期間における 企業の各業務分野の具体的な計画を貨幣的に表示し、これを総合編成したものをいい、予算期間における企 業の利益目標を指示し、各業務分野の諸活動を調整し、企業全般にわたる総合的管理の要具となるものである。予算は、業務執行に関する総合的な期間計画であるが、予算編成の過程は、たとえば製品組合せの決定、部品を自製するか外注するかの決定等個々の選択的事項に関する意思決定を含むことは、いうまでもない。

（五）経営の基本計画を設定するに当たり、これに必要な原価情報を提供すること。ここに基本計画とは、経済の動態的変化に適応して、経営の給付目的たる製品、経営立地、生産設備等経営構造に関する基本的事項について、経営意思を決定し、経営構造を合理的に組成することをいい、随時的に行なわれる決定である。

二．原価計算制度

　この基準において原価計算とは、制度としての原価計算をいう。原価計算制度は財務諸表の作成、原価管理、予算統制等の異なる目的が、重点の相違はあるが相ともに達成されるべき一定の計算秩序である。かかるものとして原価計算制度は、財務会計機構のらち外において随時断片的に行なわれる原価の統計的、技術的計算ないし調査ではなくて、財務会計機構と有機的に結びつき常時継続的に行なわれる計算体系である。原価計算制度は、この意味で原価会計にほかならない。

　原価計算制度において計算される原価の種類およびこれと財務会計機構との結びつきは、単一ではないが、しかし原価計算制度を大別して実際原価計算制度と標準原価計算制度とに分類することができる。

実際原価計算制度は、製品の実際原価を計算し、これを財務会計の主要帳簿に組み入れ、製品原価の計算と財務会計とが、実際原価をもって有機的に結合する原価計算制度である。原価管理上必要ある場合には、実際原価 計算制度においても必要な原価の標準を勘定組織のわく外において設定し、これと実際との差異を分析し、報告することがある。

　標準原価計算制度は、製品の標準原価を計算し、これを財務会計の主要帳簿に組み入れ、製品原価の計算と財務会計とが、標準原価をもって有機的に結合する原価計算制度である。標準原価計算制度は、必要な計算段階において実際原価を計算し、これと標準との差異を分析し、報告する計算体系である。

　企業が、この基準にのっとって、原価計算を実施するに当たっては、上述の意味における実際原価計算制度又は標準原価計算制度のいずれかを、当該企業が原価計算を行なう目的の重点、その他企業の個々の条件に応じて適用するものとする。

　広い意味での原価の計算には、原価計算制度以外に、経営の基本計画および予算編成における選択的事項の決定に必要な特殊の原価たとえば差額原価、機会原価、付加原価等を、随時に統計的、技術的に調査測定することも含まれる。しかしかかる特殊原価調査は、制度としての原価計算の範囲外に属するものとして、この基準に含めない。

三．　原価の本質

　原価計算制度において、原価とは、経営における一定の給付にかかわらせて、は握された財貨又は用役（以下 これを「財貨」という。）の消費を、貨幣価値的に表わしたものである。

（一）原価は、経済価値の消費である。経営の活動は、一定の財貨を生産し販売することを目的とし、一定の財貨を作り出すために、必要な財貨すなわち経済価値を消費する過程である。原価とは、かかる経営過程における価値の消費を意味する。

（二）原価は、経営において作り出された一定の給付に転嫁される価値であり、その給付にかかわらせて、は握されたものである。ここに給付とは、経営が作り出す財貨をいい、それは経営の最終給付のみでなく、中間的給付をも意味する。

（三）原価は、経営目的に関連したものである。経営の目的は、一定の財貨を生産し販売することにあり、経営過程は、このための価値の消費と生成の過程である。原価は、かかる財貨の生産、販売に関して消費された経済価値であり、経営目的に関連しない価値の消費を含まない。財務活動は、財貨の生成および消費の過程たる経営過程以外の、資本の調達、返還、利益処分等の活動であり、したがってこれに関する費用たるいわゆる財務費用は、原則として原価を構成しない。

（四）原価は、正常的なものである。原価は、正常な状態のもとにおける経営活動を前提として、は握された価値の消費であり、異常な状態を原因とする価値の減少を含まない。

四．　原価の諸概念

　原価計算制度においては、原価の本質的規定にしたがい、さらに各種の目的に規定されて、具体的には次のような諸種の原価概念が生ずる。

（一）実際原価と標準原価

　原価は、その消費量および価格の算定基準を異にするにしたがって、実際原価と標準原価とに区別される。

　1　実際原価とは、財貨の実際消費量をもって計算した原価をいう。ただし、

その実際消費量は、経営の正常な状態を前提とするものであり、したがって、異常な状態を原因とする異常な消費量は、実際原価の計算においてもこれを実際消費量と解さないものとする。

実際原価は、厳密には実際の取得価格をもって計算した原価の実際発生額であるが、原価を予定価格等をもって計算しても、消費量を実際によって計算する限り、それは実際原価の計算である。ここに予定価格とは、将来の一定期間における実際の取得価格を予想することによって定めた価格をいう。

2　標準原価とは、財貨の消費量を科学的、統計的調査に基づいて能率の尺度となるように予定し、かつ、予定価格又は正常価格をもって計算した原価をいう。この場合、能率の尺度としての標準とは、その標準が適用される期間において達成されるべき原価の目標を意味する。

標準原価計算制度において用いられる標準原価は、現実的標準原価又は正常原価である。

現実的標準原価とは、良好な能率のもとにおいて、その達成が期待されうる標準原価をいい、通常生ずると認められる程度の減損、仕損、遊休時間等の余裕率を含む原価であり、かつ、比較的短期における予定操業度および予定価格を前提として決定され、これら諸条件の変化に伴い、しばしば改訂される標準原価である。現実的標準原価は、原価管理に最も適するのみでなく、たな卸資産価額の算定および予算の編成のためにも用いられる。

正常原価とは、経営における異常な状態を排除し、経営活動に関する比較的長期にわたる過去の実際数値を統計的に平準化し、これに将来にすう勢を加味した正常能率、正常操業度および正常価格に基づいて決定される原価をいう。正常原価は、経済状態の安定している場合に、たな卸資産価額の算定のために最も適するのみでなく、原価管理のための標準としても用いられる。

標準原価として、実務上予定原価が意味される場合がある。予定原価とは、将来における財貨の予定消費量と予定価格とをもって計算した原価をいう。予定原価は、予算の編成に適するのみでなく、原価管理 およびたな卸資産価額の算定のためにも用いられる。

原価管理のために時として理想標準原価が用いられることがあるが、かかる標準原価は、この基準にいう制度としての標準原価ではない。理想標準原

資料｜原価計算基準

価とは、技術的に達成可能な最大操業度のもとにおいて、最高能率を表わす最低の原価をいい、財貨の消費における減損、仕損、遊休時間等に対する余裕率を許容しない理想的水準における標準原価である。

（二）製品原価と期間原価

原価は、財務諸表上収益との対応関係に基づいて、製品原価と期間原価とに区別される。

製品原価とは、一定単位の製品に集計された原価をいい、期間原価とは、一定期間における発生額を、当期の収益に直接対応させて、は握した原価をいう。

製品原価と期間原価との範囲の区別は相対的であるが、通常、売上品およびたな卸資産の価額を構成する全部の製造原価を製品原価とし、販売費および一般管理費は、これを期間原価とする。

（三）全部原価と部分原価

原価は、集計される原価の範囲によって、全部原価と部分原価とに区別される。全部原価とは、一定の給付に 対して生ずる全部の製造原価又はこれに販売費および一般管理費を加えて集計したものをいい、部分原価とは、そのうち一部分のみを集計したものをいう。

部分原価は、計算目的によって各種のものを計算することができるが、最も重要な部分原価は、変動直接費および変動間接費のみを集計した直接原価（変動原価）である。

五．　非原価項目

非原価項目とは、原価計算制度において、原価に算入しない項目をいい、おおむね次のような項目である。

（一）経営目的に関連しない価値の減少、たとえば

1　次の資産に関する減価償却費、管理費、租税等の費用

（1）投資資産たる不動産、有価証券、貸付金等

（2）未稼働の固定資産

（3）長期にわたり休止している設備

（4）その他経営目的に関連しない資産

2　寄付金等であって経営目的に関連しない支出

249

3 支払利息、割引料、社債発行割引料償却、社債発行費償却、株式発行費償却、設立費償却、開業費償却、支払保険料等の財務費用

（二）異常な状態を原因とする価値の減少、たとえば

1 異常な仕損、減損、たな卸減耗等

2 火災、震災、風水害、盗難、争議等の偶発的事故による損失

3 予期し得ない陳腐化等によって固定資産に著しい減価を生じた場合の臨時償却費

4 延滞償金、違約金、罰課金、損害賠償金

5 偶発債務損失

6 訴訟費

7 臨時多額の退職手当

8 固定資産売却損および除却損

9 異常な貸倒損失

（三）税法上とくに認められている損失算入項目、たとえば

1 価格変動準備金繰入額

2 租税特別措置法による償却額のうち通常の償却範囲額をこえる額

（四）その他の利益剰余金に課する項目、たとえば

1 法人税、所得税、都道府県民税、市町村民税

2 配当金

3 役員賞与金

4 任意積立金繰入額

5 建設利息償却

六．　原価計算の一般的基準

　原価計算制度においては、次の一般的基準にしたがって原価を計算する。

（一）財務諸表の作成に役立つために、

1 原価計算は原価を一定の給付にかかわらせて集計し、製品原価および期間原価を計算する。すなわち、原価計算は原則として

　　（1）すべての製造原価要素を製品に集計し、損益計算書上の売上品の製造原価を売上高に対応させ、貸借対照表上仕掛品、半製品、製品

等の製造原価をたな卸資産として計上することを可能にさせ、

（２）また、販売費および一般管理費を計算し、これを損益計算書上期間原価として当該期間の売上高に対応させる。

2　原価の数値は、財務会計の原始記録、信頼しうる統計資料等によって、その信ぴょう性が確保されるものでなければならない。このため原価計算は、原則として実際原価を計算する。この場合実際原価を計算することは、必ずしも原価を取得価格をもって計算することを意味しないで、予定価格等をもって計算することもできる。また必要ある場合には、製品原価を標準原価をもって計算し、これを財務諸表に提供することもできる。

3　原価計算において、原価を予定価格等又は標準原価をもって計算する場合には、これと原価の実際発生額との差異は、これを財務会計上適正に処理しなければならない。

4　原価計算は、財務会計機構と有機的に結合して行なわれるものとする。このために勘定組織には、原価に関する細分記録を統括する諸勘定を設ける。

（二）原価管理に役立つために、

5　原価計算は、経営における管理の権限と責任の委譲を前提とし、作業区分等に基づく部門を管理責任の区分とし、各部門における作業の原価を計算し、各管理区分における原価発生の責任を明らかにさせる。

6　原価計算は、原価要素を、機能別に、また直接費と間接費、固定費と変動費、管理可能費と管理不能費の区分に基づいて分類し、計算する。

7　原価計算は、原価の標準の設定、指示から原価の報告に至るまでのすべての計算過程を通じて、原価の物量を測定表示することに重点をおく。

8　原価の標準は、原価発生の責任を明らかにし、原価能率を判定する尺度として、これを設定する。原価の標準は、過去の実際原価をもってすることができるが、理想的には、標準原価として設定する。

9　原価計算は、原価の実績を、標準と対照比較しうるように計算記録する。

10　原価の標準と実績との差異は、これを分析し、報告する。

11　原価計算は、原価管理の必要性に応じて、重点的、経済的に、かつ、迅速にこれを行なう。

（三）予算とくに費用予算の編成ならびに予算統制に役立つために、

12　原価計算は、予算期間において期待されうる条件に基づく予定原価又は標準原価を計算し、予算とくに、費用予算の編成に資料を提供するとともに、予算と対照比較しうるように原価の実績を計算し、もって予算統制に資料を提供する。

第二章　実際原価の計算

七．　実際原価の計算手続

　実際原価の計算においては、製造原価は、原則として、その実際発生額を、まず費目別に計算し、次いで原価 部門別に計算し、最後に製品別に集計する。販売費および一般管理費は、原則として、一定期間における実際発 生額を、費目別に計算する。

｜第一節｜製造原価要素の分類基準

八．　製造原価要素の分類基準

　原価要素は、製造原価要素と販売費および一般管理費の要素に分類する。 製造原価要素を分類する基準は次のようである。

（一）形態別分類

　　　　形態別分類とは、財務会計における費用の発生を基礎とする分類、すなわち原価発生の形態による分類であり、原価要素は、この分類基準によってこれを材料費、労務費および経費に属する各費目に分類する。 材料費とは、物品の消費によって生ずる原価をいい、おおむね次のように細分する。

　　　　1　素材費（又は原料費）
　　　　2　買入部品費
　　　　3　燃料費
　　　　4　工場消耗品費
　　　　5　消耗工具器具備品費

　　労務費とは、労務用役の消費によって生ずる原価をいい、おおむね次のように細分する。

　　　　1　賃金（基本給のほか割増賃金を含む。）

2　給料

3　雑給

4　従業員賞与手当

5　退職給与引当金繰入額

6　福利費（健康保険料負担金等）

　経費とは、材料費、労務費以外の原価要素をいい、減価償却費、たな卸減耗費および福利施設負担額、賃借料、修繕料、電力料、旅費交通費等の諸支払経費に細分する。

原価要素の形態別分類は、財務会計における費用の発生を基礎とする分類であるから、原価計算は、財務会計から原価に関するこの形態別分類による基礎資料を受け取り、これに基づいて原価を計算する。この意味でこの分類は、原価に関する基礎的分類であり、原価計算と財務会計との関連上重要である。

（二）機能別分類

　機能別分類とは、原価が経営上のいかなる機能のために発生したかによる分類であり、原価要素は、この分類　基準によってこれを機能別に分類する。この分類基準によれば、たとえば、材料費は、主要材料費、および修繕　材料費、試験研究材料費等の補助材料費、ならびに工場消耗品費等に、賃金は、作業種類別直接賃金、間接作業賃金、手待賃金等に、経費は、各部門の機能別経費に分類する。

（三）製品との関連における分類

　製品との関連における分類とは、製品に対する原価発生の態様、すなわち原価の発生が一定単位の製品の生成　に関して直接的に認識されるかどうかの性質上の区別による分類であり、原価要素は、この分類基準によってこれを直接費と間接費とに分類する。

1　直接費は、これを直接材料費、直接労務費および直接経費に分類し、さらに適当に細分する。

2　間接費は、これを間接材料費、間接労務費および間接経費に分類し、さらに適当に細分する。必要ある場合には、直接労務費と製造間接費

とを合わせ、又は直接材料費以外の原価要素を総括して、これを加工費として分類することができる。

（四）操業度との関連における分類

操業度との関連における分類とは、操業度の増減に対する原価発生の態様による分類であり、原価要素は、この分類基準によってこれを固定費と変動費とに分類する。ここに操業度とは、生産設備を一定とした場合におけるその利用度をいう。固定費とは、操業度の増減にかかわらず変化しない原価要素をいい、変動費とは、操業度 の増減に応じて比例的に増減する原価要素をいう。

ある範囲内の操業度の変化では固定的であり、これをこえると急増し、再び固定化する原価要素たとえば監督 者給料等、又は操業度が零の場合にも一定額が発生し、同時に操業度の増加に応じて比例的に増加する原価要素 たとえば電力料等は、これを準固定費又は準変動費となづける。

準固定費又は準変動費は、固定費又は変動費とみなして、これをそのいずれかに帰属させるか、もしくは固定費と変動費とが合成されたものであると解し、これを固定費の部分と変動費の部分とに分類する。

（五）原価の管理可能性に基づく分類

原価の管理可能性に基づく分類とは、原価の発生が一定の管理者層によって管理しうるかどうかの分類であり、原価要素は、この分類基準によってこれを管理可能費と管理不能費とに分類する。下級管理者層にとって管理不能費であるものも、上級管理者層にとっては管理可能費となることがある。

| 第二節 | 原価の費目別計算

九． 原価の費目別計算

原価の費目別計算とは、一定期間における原価要素を費目別に分類測定する手続をいい、財務会計における費用計算であると同時に、原価計算における第一次の計算段階である。

一〇． 費目別計算における原価要素の分類

費目別計算においては、原価要素を、原則として、形態別分類を基礎とし、こ

れを直接費と間接費とに大別し、さらに必要に応じ機能別分類を加味して、たとえば次のように分類する。

　　　　　　直接費

　　　　　　直接材料費

　　　　　　主要材料費（原料費）

　　　　　　買入部品費

　　　　　　直接労務費

　　　　　　直接賃金（必要ある場合には作業種類別に細分する。）

　　　　　　直接経費

　　　　　　外注加工費

　　　　　　　間接費

　　　　　　間接材料費

　　　　　　補助材料費

　　　　　　工場消耗品費

　　　　　　消耗工具器具備品費

　　　　　　間接労務費

　　　　　　間接作業賃金

　　　　　　間接工賃金

　　　　　　手待賃金

　　　　　　休業賃金

　　　　　　給料

　　　　　　従業員賞与手当

　　　　　　退職給与引当金繰入額

　　　　　　福利費（健康保険料負担金等）

　　　　　　　間接経費

　　　　　　福利施設負担額

　　　　　　厚生費

　　　　　　減価償却費

　　　　　　賃借料

　　　　　　保険料

修繕料

　　　電力料

　　　ガス代

　　　水道料

　　　租税公課

　　　旅費交通費

　　　通信費

　　　保管料

　　　たな卸減耗費

　　　雑費

　間接経費は、原則として形態別に分類するが、必要に応じ修繕費、運搬費等の複合費を設定することができる。

一一．　材料費計算

（一）直接材料費、補助材料費等であって、出入記録を行なう材料に関する原価は、各種の材料につき原価計算期 間における実際の消費量に、その消費価格を乗じて計算する。

（二）材料の実際の消費量は、原則として継続記録法によって計算する。ただし、材料であって、その消費量を継 続記録法によって計算することが困難なもの又はその必要のないものについては、たな卸計算法を適用する ことができる。

（三）材料の消費価格は、原則として購入原価をもって計算する。 同種材料の購入原価が異なる場合、その消費価格の計算は、次のような方法による。

　　　1　先入先出法

　　　2　移動平均法

　　　3　総平均法

　　　4　後入先出法

　　　5　個別法

　　　材料の消費価格は、必要ある場合には、予定価格等をもって計算することができる。

（四）材料の購入原価は、原則として実際の購入原価とし、次のいずれかの金額

資料｜原価計算基準

によって計算する。

1 　購入代価に買入手数料、引取運賃、荷役費、保険料、関税等材料買入に要した引取費用を加算した金額

2 　購入代価に引取費用ならびに購入事務、検収、整理、選別、手入、保管等に要した費用（引取費用と合わせて以下これを「材料副費」という。）を加算した金額。ただし、必要ある場合には、引取費用以外の材 料副費の一部を購入代価に加算しないことができる。

購入代価に加算する材料副費の一部又は全部は、これを予定配賦率によって計算することができる。予定配賦率は、一定期間の材料副費の予定総額を、その期間における材料の予定購入代価又は予定購入数量の総額をもって除して算定する。ただし、購入事務費、検収費、整理費、選別費、手入費、保管費等については、それぞれに適当な予定配賦率を設定することができる。

材料副費の一部を材料の購入原価に算入しない場合には、これを　間接経費に属する項目とし又は材料費に配賦する。

　購入した材料に対して値引又は割戻等を受けたときは、これを材料の購入原価から控除する。ただし、値引又は割戻等が材料消費後に判明した場合には、これを同種材料の購入原価から控除し、値引又は割戻等を受けた材 料が判明しない場合には、これを当期の材料副費等から控除し、又はその他適当な方法によって処理することが できる。

材料の購入原価は、必要ある場合には、予定価格等をもって計算することができる。他工場からの振替製品の受入価格は、必要ある場合には、正常市価によることができる。

（五）間接材料費であって、工場消耗品、消耗工具器具備品等、継続記録法又はたな卸計算法による出入記録を行わないものの原価は、原則として当該原価計算期間における買入額をもって計算する。

一二．　労務費計算

（一）直接賃金等であって、作業時間又は作業量の測定を行なう労務費は、実際の作業時間又は作業量に賃率を乗じて計算する。賃率は、実際の個別賃率

257

又は、職場もしくは作業区分ごとの平均賃率による。平均賃率は、必要ある場合には、予定平均賃率をもって計算することができる。

直接賃金等は、必要ある場合には、当該原価計算期間の負担に属する要支払額をもって計算することができる。

（二）間接労務費であって、間接工賃金、給料、賞与手当等は、原則として当該原価計算期間の負担に属する要支払額をもって計算する。

一三．　経費計算

（一）経費は、原則として当該原価計算期間の実際の発生額をもって計算する。ただし、必要ある場合には、予定価格又は予定額をもって計算することができる。

（二）減価償却費、不動産賃借料等であって、数ヶ月分を一時に総括的に計算し又は支払う経費については、これ を月割り計算する。

（三）電力料、ガス代、水道料等であって、消費量を計量できる経費については、その実際消費量に基づいて計算する。

一四．　費用別計算における予定価格等の適用

費目別計算において一定期間における原価要素の発生を測定するに当たり、予定価格等を適用する場合には、これをその適用される期間における実際価格にできる限り近似させ、価格差異をなるべく僅少にするように定める。

｜第三節｜原価の部門別計算

一五．　原価の部門別計算

原価の部門別計算とは、費目別計算においては握された原価要素を、原価部門別に分類集計する手続をいい、原価計算における第二次の計算段階である。

一六．　原価部門の設定

原価部門とは、原価の発生を機能別、責任区分別に管理するとともに、製品原価の計算を正確にするために、原価要素を分類集計する計算組織上の区分をいい、これを諸製造部門と諸補助部門とに分ける。製造および補助 の諸部門は、次の基

資料｜原価計算基準

準により、かつ、経営の特質に応じて適当にこれを区分設定する。

（一）製造部門

　　製造部門とは、直接製造作業の行なわれる部門をいい、製品の種類別、製品生成の段階、製造活動の種類別等にしたがって、これを各種の部門又は工程に分ける。たとえば機械製作工場における鋳造、鍛造、機械加工、組立等の各部門はその例である。

副産物の加工、包装品の製造等を行なういわゆる副経営は、これを製造部門とする。

　　製造に関する諸部門は、必要ある場合には、さらに機械設備の種類、作業区分等にしたがって、これを各小工程又は各作業単位に細分する。

（二）補助部門

　　補助部門とは、製造部門に対して補助的関係にある部門をいい、これを補助経営部門と工場管理部門とに分け、さらに機能の種類別等にしたがって、これを各種の部門に分ける。

　　補助経営部門とは、その事業の目的とする製品の生産に直接関与しないで、自己の製品又は用役を製造部門に提供する諸部門をいい、たとえば動力部、修繕部、運搬部、工具製作部、検査部等がそれである。

工具製作、修繕、動力等の補助経営部門が相当の規模となった場合には、これを独立の経営単位とし、計算上製造部門として取り扱う。

工場管理部門とは、管理的機能を行なう諸部門をいい、たとえば材料部、労務部、企画部、試験研究部、工場 事務部等がそれである。

一七．　部門個別費と部門共通費

　原価要素は、これを原価部門に分類集計するに当たり、当該部門において発生したことが直接的に認識されるかどうかによって、部門個別費と部門共通費とに分類する。

　部門個別費は、原価部門における発生額を直接に当該部門に賦課し、部門共通費は、原価要素別に又はその性質に基づいて分類された原価要素群別にもしくは一括して、適当な配賦基準によって関係各部門に配賦する。部 門共通費であって

259

工場全般に関して発生し、適当な配賦基準の得がたいものは、これを一般費とし、補助部門費として処理することができる。

一八． 部門別計算の手続

（一）原価要素の全部又は一部は、まずこれを各製造部門および補助部門に賦課又は配賦する。この場合、部門に集計する原価要素の範囲は、製品原価の正確な計算および原価管理の必要によってこれを定める。たとえば、個別原価計算においては、製造間接費のほか、直接労務費をも製造部門に集計することがあり、総合原価計算においては、すべての製造原価要素又は加工費を製造部門に集計することがある。

　各部門に集計された原価要素は、必要ある場合には、これを変動費と固定費又は管理可能費と管理不能費とに区分する。

（二）次いで補助部門費は、直接配賦法、階梯式配賦法、相互配賦等にしたがい、適当な配賦基準によって、これを各製造部門に配賦し、製造部門費を計算する。

　一部の補助部門費は、必要ある場合には、これを製造部門に配賦しないで直接に製品に配賦することがで きる。

（三）製造部門に集計された原価要素は、必要に応じさらにこれをその部門における小工程又は作業単位に集計する。この場合、小工程又は作業単位には、その小工程等において管理可能の原価要素又は直接労務費のみを集計し、そうでないものは共通費および他部門配賦費とする。

｜第四節｜原価の製品別計算

一九． 原価の製品別計算および原価単位

　原価の製品別計算とは、原価要素を一定の製品単位に集計し、単位製品の製造原価を算定する手続をいい、原価計算における第三次の計算段階である。
製品別計算のためには、原価を集計する一定の製品単位すなわち原価単位を定める。原価単位は、これを個数、時間数、度量衡単位等をもって示し、業種の特質に応じて適当に定める。

資料｜原価計算基準

二〇．　製品別計算の形態

　製品別計算は、経営における生産形態の種類別に対応して、これを次のような類型に区分する。

　　（一）　単純総合原価計算

　　（二）　等級別総合原価計算

　　（三）　組別総合原価計算

　　（四）　個別原価計算

二一．　単純総合原価計算

　単純総合原価計算は、同種製品を反復連続的に生産する生産形態に適用する。単純総合原価計算にあっては、一原価計算期間（以下これを「一期間」という）。に発生したすべての原価要素を集計して当期製造費用を求め、これに期首仕掛品原価を加え、この合計額（以下これを「総製造費用」という。）を、完成品と期末仕掛品とに分割計算することにより、完成品総合原価を計算し、これを製品単位に均分して単位原価を計算する。

二二．　等級別総合原価計算

　等級別総合原価計算は、同一工程において、同種製品を連続生産するが、その製品を形状、大きさ、品位等によって等級に区別する場合に適用する。

　等級別総合原価計算にあっては、各等級製品について適当な等価係数を定め、一期間における完成品の総合原価又は一期間の製造費用を等価係数に基づき各等級製品にあん分してその製品原価を計算する。

　等価係数の算定およびこれに基づく等級製品原価の計算は、次のいずれかの方法による。

（一）　各等級製品の重量、長さ、面積、純分度、熱量、硬度等原価の発生と関連ある製品の諸性質に基づいて等価係数を算定し、これを各等級製品の一期間における生産量に乗じた積数の比をもって、一期間の完成品の総合原価を一括的に各等級製品にあん分してその製品原価を計算し、これを製品単位に均分して単位原価を計算する。

261

（二）一期間の製造費用を構成する各原価要素につき、又はその性質に基づいて分類された数個の原価要素群につき、各等級製品の標準材料消費量、標準作業時間等各原価要素又は原価要素群の発生と関連ある物量的数値 等に基づき、それぞれの等価係数を算定し、これを各等級製品の一期間における生産量に乗じた積数の比をもって、各原価要素又は原価要素群をあん分して、各等級製品の一期間の製造費用を計算し、この製造費用と各等級製品の期首仕掛品原価とを、当期における各等級製品の完成品とその期末仕掛品とに分割することにより、当期における各等級製品の総合原価を計算し、これを製品単位に均分して単位原価を計算する。この場合、原価要素別又は原価要素群別に定めた等価係数を個別的に適用しないで、各原価要素又は原価要素群の重要性を加味して総括し、この総括的等価係数に基づいて、一期間の完成品の総合原価を一括的に各等級製品にあん分して、その製品原価を計算することができる。

二三． 組別総合原価計算

組別総合原価計算は、異種製品を組別に連続生産する生産形態に適用する。

組別総合原価計算にあっては、一期間の製造費用を組直接費と組間接費又は原料費と加工費とに分け、個別原価計算に準じ、組直接費又は原料費は、各組の製品に賦課し、組間接費又は加工費は、適当な配賦基準により各 組に配賦する。次いで一期間における組別の製造費用と期首仕掛品原価とを、当期における組別の完成品とその期末仕掛品とに分割することにより、当期における組別の完成品総合原価を計算し、これを製品単位に均分して単位原価を計算する。

二四． 総合原価計算における完成品総合原価と期末仕掛品原価

単純総合原価計算、等級別総合原価計算および組別総合原価計算は、いずれも原価集計の単位が期間生産量であることを特質とする。すなわち、いずれも継続製造指図書に基づき、一期間における生産量について総製造費用を算定し、これを期間生産量に分割負担させることによって完成品総合原価を計算する点において共通する。したがって、これらの原価計算を総合原価計算の形態と総称する。総合原価計算における完成品総合原価と期末仕掛品原価は、次の手続により算定する。

262

（一）まず、当期製造費用および期首仕掛品原価を、原則として直接材料費と加工費とに分け、期末仕掛品の完成品換算量を直接材料費と加工費とについて算定する。

　期末仕掛品の完成品換算量は、直接材料費については、期末仕掛品に含まれる直接材料消費量の完成品に 含まれるそれに対する比率を算定し、これを期末仕掛品現在量に乗じて計算する。加工費については、期末仕掛品の仕上り程度の完成品に対する比率を算定し、これを期末仕掛品現在量に乗じて計算する。

（二）次いで、当期製造費用および期首仕掛品原価を、次のいずれかの方法により、完成品と期末仕掛品とに分割して、完成品総合原価と期末仕掛品原価とを計算する。

　　1　当期の直接材料費総額（期首仕掛品および当期製造費用中に含まれる直接材料費の合計額）および当期の加工費総額（期首仕掛品および当期製造費用中に含まれる加工費の合計額）を、それぞれ完成品数量と期末仕掛品の完成品換算量との比により完成品と期末仕掛品とにあん分して、それぞれ両者に含まれる直接材料費と加工費とを算定し、これをそれぞれ合計して完成品総合原価および期末仕掛品原価を算定する（平均法）。

　　2　期首仕掛品原価は、すべてこれを完成品の原価に算入し、当期製造費用を、完成品数量から期首仕掛品の完成品換算量を差し引いた数量と期末仕掛品の完成品換算量との比により、完成品と期末仕掛品とにあん分して完成品総合原価および期末仕掛品原価を算定する（先入先出法）。

　　3　期末仕掛品の完成品換算量のうち、期首仕掛品の完成品換算量に相当する部分については、期首仕掛品原 価をそのまま適用して評価し、これを超過する期末仕掛品の完成品換算量と完成品数量との比により、当期製造費用を期末仕掛品と完成品とにあん分し、期末仕掛品に対してあん分された額と期首仕掛品原価との合計額をもって、期末仕掛品原価とし、完成品にあん分された額を完成品総合原価とする（後入先出法）。

　　4　前三号の方法において、加工費について期末仕掛品の完成品換算量を計算することが困難な場合には、当期の加工費総額は、すべてこれを

完成品に負担させ、期末仕掛品は、直接材料費のみをもって計算することができる。

5　期末仕掛品は、必要ある場合には、予定原価又は正常原価をもって評価することができる。

6　期末仕掛品の数量が毎期ほぼ等しい場合には、総合原価の計算上これを無視し、当期製造費用をもってそのまま完成品総合原価とすることができる。

二五．　工程別総合原価計算

　総合原価計算において、製造工程が二以上の連続する工程に分けられ、工程ごとにその工程製品の総合原価を 計算する場合（この方法を「工程別総合原価計算」という）には、一工程から次工程へ振り替えられた工程製 品の総合原価を、前工程費又は原料費として次工程の製造費用に加算する。この場合、工程間に振り替えられる工程製品の計算は、予定原価又は正常原価によることができる。

二六．　加工費工程別総合原価計算

　原料がすべて最初の工程の始点で投入され、その後の工程では、単にこれを加工するにすぎない場合には、各工程別に一期間の加工費を集計し、それに原料費を加算することにより、完成品総合原価を計算する。この方法を加工費工程別総合原価計算（加工費法）という。

二七．　仕損および減損の処理

　総合原価計算においては、仕損の費用は、原則として、特別に仕損費の費目を設けることをしないで、これをその期の完成品と期末仕掛品とに負担させる。加工中に蒸発、粉散、ガス化、煙化等によって生ずる原料の減損の処理は、仕損に準ずる。

二八．　副産物等の処理と評価

　総合原価計算において、副産物が生ずる場合には、その価額を算定して、これを主産物の総合原価から控除する。副産物とは、主産物の製造過程から必然に派

生する物品をいう。副産物の価額は、次のような方法によって算定した額とする。

（一）副産物で、そのまま外部に売却できるものは、見積売却価額から販売費および一般管理費又は販売費、一般管理費および通常の利益の見積額を控除した額。

（二）副産物で、加工の上売却できるものは、加工製品の見積売却価額から加工費、販売費および一般管理費又は 加工費、販売費、一般管理費および通常の利益の見積額を控除した額。

（三）副産物で、そのまま自家消費されるものは、これによって節約されるべき物品の見積購入価額

（四）副産物で、加工の上自家消費されるものは、これによって節約されるべき物品の見積購入価額から加工費の 見積額を控除した額

　軽微な副産物は、前項の手続によらないで、これを売却して得た収入を、原価計算外の収益とすることができる。

　作業くず、仕損品等の処理および評価は、副産物に準ずる。

二九．　連産品の計算

　連産品とは、同一工程において同一原料から生産される異種の製品であって、相互に主副を明確に区別できないものをいう。連産品の価額は、連産品の正常市価等を基準として定めた等価係数に基づき、一期間の総合原価を連産品にあん分して計算する。この場合、連産品で、加工の上売却できるものは、加工製品の見積売却価額から加工費の見積額を控除した額をもって、その正常市価とみなし、等価係数算定の基礎とする。ただし、必要ある場合には、連産品の一種又は数種の価額を副産物に準じて計算し、これを一期間の総合原価から控除した額をもって、他の連産品の価額とすることができる。

三〇．　総合原価計算における直接原価計算

　総合原価計算において、必要ある場合には、一期間における製造費用のうち、変動直接費および変動間接費のみを部門に集計して部門費を計算し、これに期首仕掛品を加えて完成品と期末仕掛品とにあん分して製品の直接 原価を計算し、固定費を製品に集計しないことができる。この場合、会計年度末においては、当該

会計期間に発生した固定費額は、これを期末の仕掛品および製品と当 年度の売上品とに配賦する。

三一． 個別原価計算

個別原価計算は、種類を異にする製品を個別的に生産する生産形態に適用する。個別原価計算にあっては、特定製造指図書について個別的に直接費および間接費を集計し、製品原価は、これを当該指図書に含まれる製品の生産完了時に算定する。経営の目的とする製品の生産に際してのみでなく、自家用の建物、機械、工具等の製作又は修繕、試験研究、試作、仕損品の補修、仕損による代品の製作等に際しても、これを特定指図書を発行して行なう場合は、個別原価計算の方法によってその原価を算定する。

三二． 直接費の賦課

個別原価計算における直接費は、発生のつど又は定期に整理分類して、これを当該指図書に賦課する。

（一）直接材料費は、当該指図書に関する実際消費量に、その消費価格を乗じて計算する。消費価格の計算は、第二節一一の（三）に定めるところによる。自家生産材料の消費価格は、実際原価又は予定価格等をもって計算する。

（二）直接労務費は、当該指図書に関する実際の作業時間又は作業量に、その賃率を乗じて計算する。賃率の計算は、第二節一二の（一）に定めるところによる。

（三）直接経費は、原則として当該指図書に関する実際発生額をもって計算する。

三三． 間接費の配賦

（一）個別原価計算における間接費は、原則として部門間接費として各指図書に配賦する。

（二）間接費は、原則として予定配賦率をもって各指図書に配賦する。

（三）部門間接費の予定配賦率は、一定期間における各部門の間接費予定額又は各部門の固定間接費予定額および変動間接費予定額を、それぞれ同期間における当該部門の予定配賦基準をもって除して算定する。

（四）一定期間における各部門の間接費予定額又は各部門の固定間接費予定額および変動間接費予定額は、次のように計算する。

1　まず、間接費を固定費および変動費に分類して、過去におけるそれぞれの原価要素の実績をは握する。この場合、間接費を固定費と変動費とに分類するためには、間接費要素に関する各費目を調査し、費目によって固定費又は変動費のいずれかに分類する。準固定費又は準変動費は、実際値の変化の調査に基づき、これを固定費又は変動費とみなして、そのいずれかに帰属させるか、もしくはその固定費部分および変動費率を測定し、これを固定費と変動費とに分解する。

2　次に、将来における物価の変動予想を考慮して、これに修正を加える。

3　さらに固定費は、設備計画その他固定費に影響する計画の変更等を考慮し、変動費は、製造条件の変更等 変動費に影響する条件の変化を考慮して、これを修正する。

4　変動費は、予定操業度に応ずるように、これを算定する。

（五）予定配賦率の計算の基礎となる予定操業度は、原則として、一年又は一会計期間において予期される操業度であり、それは、技術的に達成可能な最大操業度ではなく、この期間における生産ならびに販売事情を考慮して定めた操業度である。

操業度は、原則として直接作業時間、機械運転時間、生産数量等間接費の発生と関連ある適当な物量基準によって、これを表示する。

操業度は、原則としてこれを各部門に区分して測定表示する。

（六）部門間接費の各指図書への配賦額は、各製造部門又はこれを細分した各小工程又は各作業単位別に、次のいずれかによって計算する。

1　間接費予定配賦率に、各指図書に関する実際の配賦基準を乗じて計算する。

2　固定間接費予定配賦率および変動間接費予定配賦率に、それぞれ各指図書に関する実際の配賦基準を乗じて計算する。

（七）一部の補助部門費を製造部門に配賦しないで、直接に指図書に配賦する場合には、そのおのおのにつき適当な基準を定めてこれを配賦する。

三四．　加工費の配賦

　個別原価計算において、労働が機械作業と密接に結合して総合的な作業となり、そのため製品に賦課すべき直接労務費と製造間接費とを分離することが困難な場合その他必要ある場合には、加工費について部門別計算を行ない、部門加工費を各指図書に配賦することができる。部門加工費の指図書への配賦は、原則として予定配賦率による。予定加工費配賦率の計算は、予定間接費配賦率の計算に準ずる。

三五．　仕損費の計算および処理

　個別原価計算において、仕損が発生する場合には、原則として次の手続により仕損費を計算する。

（一）仕損が補修によって回復でき、補修のために補修指図書を発行する場合には、補修指図書に集計された製造 原価を仕損費とする。

（二）仕損が補修によって回復できず、代品を製作するために新たに製造指図書を発行する場合において

　　1　旧製造指図書の全部が仕損となったときは、旧製造指図書に集計された製造原価を仕損費とする。

　　2　旧製造指図書の一部が仕損となったときは、新製造指図書に集計された製造原価を仕損費とする。

（三）仕損の補修又は代品の製作のために別個の指図書を発行しない場合には、仕損の補修等に要する製造原価を見積ってこれを仕損費とする。

　　前記（二）又は（三）の場合において、仕損品が売却価値又は利用価値を有する場合には、その見積額を控除した額を仕損費とする。

　　軽微な仕損については、仕損費を計上しないで、単に仕損品の見積売却価額又は見積利用価額を、当該製造指図書に集計された製造原価から控除するにとどめることができる。

　　仕損費の処理は、次の方法のいずれかによる。

（一）仕損費の実際発生額又は見積額を、当該指図書に賦課する。

（二）仕損費を間接費とし、これを仕損の発生部門に賦課する。この場合、間接費の予定配賦率の計算において、当該製造部門の予定間接費額中に、仕損費の予定額を算入する。

三六． 作業くずの処理

　個別原価計算において、作業くずは、これを総合原価計算の場合に準じて評価し、その発生部門の部門費から控除する。ただし、必要ある場合には、これを当該製造指図書の直接材料費又は製造原価から控除することができる。

│第五節│販売費および一般管理費の計算

三七． 販売費および一般管理費要素の分類基準

　販売費および一般管理費の要素を分類する基準は、次のようである。

（一）形態別分類

　　　販売費および一般管理費の要素は、この分類基準によって、たとえば、給料、賃金、消耗品費、減価償却費、賃借料、保険料、修繕料、電力料、租税公課、運賃、保管料、旅費交通費、通信費、広告料等にこれを分類する。

（二）機能別分類

　　　販売費および一般管理費の要素は、この分類基準によって、たとえば、広告宣伝費、出荷運送費、倉庫費、掛売集金費、販売調査費、販売事務費、企画費、技術研究費、経理費、重役室費等にこれを分類する。

　　　この分類にさいしては、当該機能について発生したことが直接的に認識される要素を、は握して集計する。たとえば広告宣伝費には、広告宣伝係員の給料、賞与手当、見本費、広告設備減価償却費、新聞雑誌広告料、その他の広告料、通信費等が集計される。

（三）直接費と間接費

　　　販売費および一般管理費の要素は、販売品種等の区別に関連して、これを直接費と間接費とに分類する。

（四）固定費と変動費

（五）管理可能費と管理不能費

三八． 販売費および一般管理費の計算

　販売費および一般管理費は、原則として、形態別分類を基礎とし、これを直接費と間接費とに大別し、さらに 必要に応じ機能別分類を加味して分類し、一定期間の発生額を計算する。その計算は、製造原価の費目別計算に準ずる。

三九．技術研究費

新製品又は新技術の開拓等の費用であって企業全般に関するものは、必要ある場合には、販売費および一般管理費と区別し別個の項目として記載することができる。

第三章　標準原価の計算

四〇．標準原価算定の目的

標準原価算定の目的としては、おおむね次のものをあげることができる。

（一）原価管理を効果的にするための原価の標準として標準原価を設定する。これは標準原価を設定する最も重要な目的である。

（二）標準原価は、真実の原価として仕掛品、製品等のたな卸資産価額および売上原価の算定の基礎となる。

（三）標準原価は、予算とくに見積財務諸表の作成に、信頼しうる基礎を提供する。

（四）標準原価は、これを勘定組織の中に組み入れることによって、記帳を簡略化し、じん速化する。

四一．標準原価の算定

標準原価は、直接材料費、直接労務費等の直接費および製造間接費について、さらに製品原価について算定する。

原価要素の標準は、原則として物量標準と価格標準との両面を考慮して算定する。

（一）標準直接材料費

1　標準直接材料費は、直接材料の種類ごとに、製品単位当たりの標準消費量と標準価格とを定め、両者を乗じて算定する。

2　標準消費量については、製品の生産に必要な各種素材、部品等の種類、品質、加工の方法および順序等を定め、科学的、統計的調査により製品単位当たりの各種材料の標準消費量を定める。標準消費量は、通常生ずると認められる程度の減損、仕損等の消費余裕を含む。

3　標準価格は、予定価格又は正常価格とする。

資料 | 原価計算基準

（二）標準直接労務費

1 標準直接労務費は、直接作業の区分ごとに、製品単位当たりの直接作業の標準時間と標準賃率とを定め、両者を乗じて算定する。

2 標準直接作業時間については、製品の生産に必要な作業の種類別、使用機械工具、作業の方法および順序、各作業に従事する労働の等級等を定め、作業研究、時間研究その他経営の実情に応ずる科学的、統計的調査により製品単位当たりの各区分作業の標準時間を定める。標準時間は、通常生ずると認められる程度の疲労、身体的必要、手待等の時間的余裕を含む。

3 標準賃率は、予定賃率又は正常賃率とする。

（三）製造間接費の標準

製造間接費の標準は、これを部門別（又はこれを細分した作業単位別、以下これを「部門」という。）に算定する。部門別製造間接費の標準とは、一定期間において各部門に発生すべき製造間接費の予定額をいい、これを部門間接費予算として算定する。その算定方法は、第二固定章第四節三三の（四）に定める実際原価の計算における部門別計算の手続に準ずる。部門間接費予算は、予算又は変動予算として設定する。

1 固定予算

製造間接費予算を、予算期間において予期される一定の操業度に基づいて算定する場合に、これを固定予算となづける。各部門別の固定予算は、一定の限度内において原価管理に役立つのみでなく、製品に対する標準間接費配賦率の算定の基礎となる。

2 変動予算

製造間接費の管理をさらに有効にするために、変動予算を設定する。変動予算とは、製造間接費予算を、予算期間に予期される範囲内における種々の操業度に対応して算定した予算をいい、実際間接費額を当該操 業度の予算と比較して、部門の業績を管理することを可能にする。

変動予算の算定は、実査法、公式法等による。

（1）実査法による場合には、一定の基準となる操業度（以下これを

271

「基準操業度」という。）を中心として、予期される範囲内の種々の操業度を、一定間隔に設け、各操業度に応ずる複数の製造間接費予算をあらかじめ算定列記する。この場合、各操業度に応ずる間接費予算額は、個々の間接費項目につき、各操業度における額を個別的に実査して算定する。この変動予算における基準操業度は、固定予算算定の基礎となる操業度である。

（2）公式法による場合には、製造間接費要素を第二章第四節三三の（四）に定める方法により固定費と変動費とに分け、固定費は、操業度の増減にかかわりなく一定とし、変動費は、操業度の増減との関連における各変動費要素又は変動費要素群の変動費率をあらかじめ測定しておき、これにそのつどの関係 操業度を乗じて算定する。

（四）標準製品原価

標準製品原価は、製品の一定単位につき標準直接材料費、標準直接労務費等を集計し、これに標準間接費配賦率に基づいて算定した標準間接費配賦額を加えて算定する。標準間接費配賦率は固定予算算定の基礎となる操業 度ならびにこの操業度における標準間接費を基礎として算定する。

標準原価計算において加工費の配賦計算を行なう場合には、部門加工費の標準を定める。その算定は、製造間接費の標準の算定に準ずる。

四二．標準原価の改訂

標準原価は、原価管理のためにも、予算編成のためにも、また、たな卸資産価額および売上原価算定のためにも、現状に即した標準でなければならないから、常にその適否を吟味し、機械設備、生産方式等生産の基本条件 ならびに材料価格、賃率等に重大な変化が生じた場合には、現状に即するようにこれを改訂する。

四三．標準原価の指示

標準原価は、一定の文書に表示されて原価発生について責任をもつ各部署に指示されるとともに、この種の文書は、標準原価会計機構における補助記録となる。

標準原価を指示する文書の種類、記載事項および様式は、経営の特質によって適当に定めるべきであるが、たとえば次のようである。

（一）標準製品原価表

標準製品原価表とは、製造指図書に指定された製品の一定単位当たりの標準原価を構成する各種直接材料費の標準、作業種類別の直接労務費の標準および部門別製造間接費配賦額の標準を数量的および金額的に表示指定する文書をいい、必要に応じ材料明細表、標準作業表等を付属させる。

（二）材料明細表　材料明細表とは、製品の一定単位の生産に必要な直接材料の種類、品質、その標準消費数量等を表示指定する文書をいう。

（三）標準作業表　標準作業表とは、製品の一定単位の生産に必要な区分作業の種類、作業部門、使用機械工具、作業の内容、労働等級、各区分作業の標準時間等を表示指定する文章をいう。

（四）製造間接費予算表　製造間接費予算表は、製造間接費予算を費目別に表示指定した費目別予算表と、これをさらに部門別に表示指定した部門別予算表とに分けられ、それぞれ予算期間の総額および各月別予算額を記載する。部門別予算表において、必要ある場合には、費目を変動費と固定費又は管理可能費と管理不能費とに区分表示する。

第四章　原価差異の算定および分析

四四．原価差異の算定および分析

原価差異とは実際原価計算制度において、原価の一部を予定価格等をもって計算した場合における原価と実際 発生額との間に生ずる差額、ならびに標準原価計算制度において、標準原価と実際発生額との間に生ずる差額（これを「標準差異」となづけることがある。）をいう。

原価差異が生ずる場合には、その大きさを算定記録し、これを分析する。その目的は、原価差異を財務会計上適正に処理して製品原価および損益を確定するとともに、その分析結果を各階層の経営管理者に提供することに よって、原価の管理に資することにある。

四五. 実際原価計算制度における原価差異

実際原価計算制度において生ずる主要な原価差異は、おおむね次のように分けて算定する。

（一）材料副費配賦差異

材料副費配賦差異とは、材料副費の一部又は全部を予定配賦率をもって材料の購入原価に算入することによって生ずる原価差異をいい、一期間におけるその材料副費の配賦額と実際額との差額として算定する。

（二）材料受入価格差異

材料受入価格差異とは、材料の受入価格を予定価格等をもって計算することによって生ずる原価差異をいい、一期間におけるその材料の受入金額と実際受入金額との差額として算定する。

（三）材料消費価格差異

材料消費価格差異とは、材料の消費価格を予定価格等をもって計算することによって生ずる原価差異をいい、一期間におけるその材料費額と実際発生額との差額として計算する。

（四）賃率差異

賃率差異とは、労務費を予定賃率をもって計算することによって生ずる原価差異をいい、一期間におけるその労務費額と実際発生額との差額として算定する。

（五）製造間接費配賦差異

製造間接費配賦差異とは、製造間接費を予定配賦率をもって製品に配賦することによって生ずる原価差異をいい、一期間におけるその製造間接費の配賦額と実際額との差額として算定する。

（六）加工費配賦差異

加工費配賦差異とは、部門加工費を予定配賦率をもって製品に配賦することによって生ずる原価差異をいい、一期間におけるその加工費の配賦額と実際額との差額として算定する。

（七）補助部門費配賦差異

補助部門費配賦差異とは、補助部門費を予定配賦率をもって製造部門に配賦することによって生ずる原価差異をいい、一期間におけるその補助部門

費の配賦額と実際額との差額として算定する。

（八）振替差異

振替差異とは、工程間に振り替えられる工程製品の価額を予定原価又は正常原価をもって計算することによって生ずる原価差異をいい、一期間におけるその工程製品の振替価額と実際額との差額として算定する。

四六．標準原価計算制度における原価差異

標準原価計算制度において生ずる主要な原価差異は、材料受入価額、直接材料費、直接労務費および製造間接費のおのおのにつき、おおむね次のように算定分析する。

（一）材料受入価格差異

材料受入価格差異とは、材料の受入価格を標準価格をもって計算することによって生ずる原価差異をいい、標準受入価格と実際受入価格との差異に、実際受入数量を乗じて算定する。

（二）直接材料費差異

直接材料費差異とは、標準原価による直接材料費と直接材料費の実際発生額との差額をいい、これを材料種類別に価格差異と数量差異とに分析する。

1　価格差異とは、材料の標準消費価格と実際消費価格との差異に基づく直接材料費差異をいい、直接材料の標準消費価格と実際消費価格との差異に、実際消費数量を乗じて算定する。

2　数量差異とは、材料の標準消費数量と実際消費数量との差異に基づく直接材料費差異をいい、直接材料の標準消費数量と実際消費数量との差異に、標準消費価格を乗じて算定する。

（三）直接労務費差異

直接労務費差異とは、標準原価による直接労務費と直接労務費の実際発生額との差額をいい、これを部門別又は作業種類別に賃率差異と作業時間差異とに分析する。

1　賃率差異とは、標準賃率と実際賃率との差異に基づく直接労務費差異をいい、標準賃率と実際賃率との差異に、実際作業時間を乗じて算定する。

2　作業時間差異とは、標準作業時間と実際作業時間との差額に基づく直

接労務費差異をいい、標準作業時間と実際作業時間との差異に、標準賃率を乗じて算定する。

（四）製造間接費差異

製造間接費差異とは、製造間接費の標準額と実際発生額との差額をいい、原則として一定期間における部門間接費差異として算定して、これを能率差異、操業度差異等に適当に分析する。

第五章　原価差異の会計処理

四七．原価差異の会計処理

（一）実際原価計算制度における原価差異の処理は、次の方法による。

1　原価差異は、材料受入価格差異を除き、原則として当年度の売上原価に賦課する。

2　材料受入価格差異は、当年度の材料の払出高と期末在高に配賦する。この場合、材料の期末在高については、材料の適当な種類群別に配賦する。

3　予定価格等が不適当なため、比較的多額の原価差異が生ずる場合、直接材料費、直接労務費、直接経費および製造間接費に関する原価差異の処理は、次の方法による。

（1）個別原価計算の場合

次の方法のいずれかによる。

イ　当年度の売上原価と期末におけるたな卸資産に指図書別に配賦する。

ロ　当年度の売上原価と期末におけるたな卸資産に科目別に配賦する。

（2）総合原価計算の場合

当年度の売上原価と期末におけるたな卸資産に科目別に配賦する。

（二）標準原価計算制度における原価差異の処理は、次の方法による。

1　数量差異、作業時間差異、能率差異等であって異常な状態に基づくと認められるものは、これを非原価項目として処理する。

2　前記1の場合を除き、原価差異はすべて実際原価計算制度における処理の方法に準じて処理する。

索　引

あ

IE法 ・・・・・・・・・・・・・ 167

後入先出法 ・・・・・・・・・ 082

安全余裕率 ・・・・・・・・・ 173

い

意思決定 ・・・・・・・・・・・ 182

異常発生額 ・・・・・・・・・ 089

逸失利益 ・・・・・・・・・・・ 010

移動平均法 ・・・・・・・・・ 023

か

回収期間法 ・・・・・・・・・ 237

階梯式配賦法 ・・・・・・・・ 059

外部材料副費 ・・・・・・・ 020

価格差異 ・・・・・・・・・・・ 136

加工進捗度 ・・・・・・・・・ 081

貨幣の時間価値 ・・・・・ 220

間接経費 ・・・・・・・・・・・ 019

間接工 ・・・・・・・・・・・・ 037

間接費 ・・・・・・・・・・・・ 011

間接労務費 ・・・・・・・・・ 019

管理可能費 ・・・・・・・・・ 011

管理不能費 ・・・・・・・・・ 011

関連原価 ・・・・・・・・・・・ 182

き

機会原価 ・・・・・・・ 010, 183

期間原価 ・・・・・・・・・・・ 011

基準操業度 ・・・・・・・・・ 043

期待実際操業度 ・・・・・・ 043

業務的意思決定
　　・・・・・・・・ 185, 194, 201

CIF ・・・・・・・・・・・・・・ 231

COF ・・・・・・・・・・・・・ 231

く

組間接費 ・・・・・・・・・・・ 111

組直接費 ・・・・・・・・・・・ 111

組別総合原価計算　080, 111

け

経済的発注量 ・・・・・・・ 215

継続記録法 ・・・・・・・・・ 022

経費 ・・・・・・・・・・・・・ 010

原価 ・・・・・・・・・ 008, 009

原価計算 ・・・・・・・・・・・ 008

現価係数 ・・・・・・ 222, 223

原価差異分析 ・・・・・・・ 045

原価の固変分解 ・・・・・ 166

原価標準 ・・・・・・・・・・・ 132

現実的（実際的）

　生産能力 ・・・・・・・・ 043

減損 ・・・・・・・・・・・・・ 088

こ

貢献利益 ・・・・・・・・・・・ 163

公式法変動予算 ・・・・・ 044

工程別総合原価計算　080,105

高低点法 ・・・・・・・・・・・ 166

固定費 ・・・・・・・・・・・・ 010

固定費調整 ・・・・・・・・・ 165

個別原価計算 ・・・・・・・ 067

さ

差額原価 ・・・・・・・・・・・ 183

在庫維持費 ・・・・・・・・・ 216

最小二乗法 ・・・・・・・・・ 167

最適セールス・ミックス　207

材料消費価格差異 ・・・ 023

材料費 ・・・・・・・・・・・・ 010

先入先出法 ・・・・ 023, 082

作業くず ・・・・・・・ 071, 104

277

し

仕掛品・・・・・・・・・・・・ 201

仕掛品勘定・・・・・・・・ 016

時間差異・・・・・・・・・ 140

支出原価・・・・・・・・・ 010

仕損・・・・・・・・・・・・ 088

仕損費・・・・・・・・・・・ 071

仕損品・・・・・・・・・・・ 071

実際配賦・・・・・・・・・・ 042

支払経費・・・・・・・・・ 040

収益性指数法・・・・ 234, 237

終価係数・・・・・・・・・・ 221

消費賃率・・・・・・・・・・ 037

正味現在価値法・・ 230, 237

シングルプラン・・・・・・ 154

す

数量差異・・・・・・・・・・ 136

スキャッター・チャート法 167

せ

正常操業度・・・・・・・・ 043

正常配賦・・・・・・・・・・ 044

製造間接費差異・・・・・・ 145

製造間接費勘定・・・・・ 016

構造的意思決定・・・・・・ 226

製品勘定・・・・・・・・・ 016

製品原価・・・・・・・・・ 011

製品別計算・・・・・・・・ 012

積数・・・・・・・・・・・・ 116

前工程費・・・・・・・・・・ 105

全部原価計算・・・・・・・ 162

そ

操業度差異・・・・・・・・・ 145

総合原価計算・・・・・・・ 080

相互配賦法・・・・・・・・・ 059

総差異・・・・・・・・・・・ 045

総平均法・・・・・・・・・・ 023

測定経費・・・・・・・・・・ 040

損益分岐点比率・・・・・・ 174

損益分岐点分析・・・・・・ 171

た

棚卸計算法・・・・・・・・・ 022

単純回収期間法・・・・・・ 227

単純総合原価計算・・・・ 080

単純投下資本利益率法・ 229

ち

直接経費・・・・・・・・・・ 019

直接原価計算・・・・ 162, 163

直接材料費・・・・・・・・ 018

直接材料費差異・・・・・・ 136

直接配賦法・・・・・・・・・ 059

直接費・・・・・・・・・・・ 011

直接労務費・・・・・・・・ 019

直接労務費差異・・・・・・ 140

賃率差異・・・・・・ 038, 141

つ

月割経費・・・・・・・・・・ 040

て

DCF法・・・・・・・・・・・・ 230

と

等価係数・・・・・・・・・・ 115

等級別総合原価計算 080, 115

度外視法・・・・・・・・・・ 088

特殊原価調査・・・・・・・ 182

な

内部材料副費・・・・・・・ 021

内部利益率法···· 234, 237

の

能率差異 ··········· 146

は

パーシャルプラン ···· 154

配賦 ············· 042

配賦基準 ·········· 042

発生経費 ·········· 040

半製品 ············ 201

ひ

非原価 ············ 009

非度外視法 ········· 088

費目別計算 ········· 012

費目別精査法 ········ 166

標準原価 ······ 131, 132

標準原価計算 ········ 131

非累加法 ·········· 105

ふ

副産物 ············ 126

複数基準配賦法 ······ 059

複利計算 ·········· 221

部分原価計算 ········ 162

部門共通費 ········· 053

部門個別費 ········· 053

部門別計算 ········· 012

部門別原価計算 ······ 052

部門別個別原価計算··· 077

へ

平均操業度 ········· 043

平均法 ············ 081

変動費 ············ 010

変動予算 ·········· 044

ほ

補修指図書 ········· 071

補助部門 ·········· 053

ま

埋没原価 ·········· 183

も

目的関数 ·········· 211

目標営業利益 ········ 173

目標営業利益率 ······ 173

目標原価 ·········· 131

よ

予算差異 ·········· 145

予定配賦率 ····· 043, 044

り

理想的生産能力 ······ 043

リニアープログラミング
················ 211

る

累加法 ············ 105

れ

連産品 ········ 126, 201

ろ

労務費 ············ 010

わ

割引計算 ·········· 222

279

原価計算と管理会計の概説

2024 年 10 月 11 日　初版第 1 刷発行
2025 年　3 月 21 日　初版第 2 刷発行

著　者　江頭幸代

発行人　大西強司

発売所　とりい書房
　　　　〒 164-0013　東京都中野区弥生町 2 － 13 － 9
　　　　TEL 03-5351-5990
　　　　ホームページ　https://www.toriishobo.co.jp

印刷所　日本ハイコム株式会社

本書は著作権法上の保護を受けています。本書の一部あるいは全部について（ソフトウェア及びプログラムを含む）、とりい書房から文書による許諾を得ずに、いかなる方法においても無断で複写、複製することは禁じられています。

Copyright © 2025 Sachiyo Egashira. All rights reserved.

ISBN978-4-86334-147-0
Printed in Japan